EDGAR RAI

Berlin *rund*
um die Uhr

6

LIEBLINGSPLÄTZE
und 11 Extrawürste

EDGAR RAI

Berlin *rund um die Uhr*

WELTSTADT MIT SCHNAUZE

KULTUR

GMEINER

Bis auf die im Folgenden genannten stammen alle Bilder vom Autor: Vabali Spa Berlin (Seite 49), Reinhard Friedrich. Berliner Philharmoniker (Seite 100), Sebastian Greuner (Seite 104), Verena Eidel (Seite 110), realities:united (Seite 178)

Autor und Verlag haben alle Informationen geprüft. Gleichwohl wissen wir, dass sich Gegebenheiten im Verlauf der Zeit ändern, daher erfolgen alle Angaben ohne Gewähr. Sollten Sie Feedback haben, bitte schreiben Sie uns! Über Ihre Rückmeldung zum Buch freuen sich Autor und Verlag: lieblingsplaetze@gmeiner-verlag.de

Besuchen Sie uns im Internet:
www.gmeiner-verlag.de

© 2015 – Gmeiner-Verlag GmbH
Im Ehnried 5, 88605 Meßkirch
Telefon 075 75/2095-0
info@gmeiner-verlag.de
Alle Rechte vorbehalten
1. Auflage 2015

Lektorat/Korrektorat: Claudia Reinert
Satz: Julia Franze
Bildbearbeitung/Umschlaggestaltung: Alexander Somogyi
unter Verwendung eines Fotos von fotoAKL/fotolia.com
Kartendesign: Mirjam Hecht
Druck: AZ Druck und Datentechnik GmbH, Kempten
Printed in Germany
ISBN 978-3-8392-1708-5

Abends

Nachts

11 Extrawürste

HALLO UND WILLKOMMEN!
Vorwort

Sie fragen sich womöglich, ob der Berlin-Führer, den Sie gerade in Händen halten, der richtige für Sie ist. Ich sage es Ihnen: Wenn Sie zu Besuch in der Stadt oder Neu-Berliner und auf der Suche nach inspirierenden, spannenden oder originellen Orten und offen für alles Mögliche sind, dann lautet die Antwort: Ja.

Wenn Sie einen reinen Shopping-Guide oder einen ausgewiesenen Architektur- oder Kunstführer suchen: Nein. Auch ist dieses Büchlein weder Gastronomie- noch Geschichtsführer. Es möchte vielmehr von allem ein bisschen sein.

Aus diesem Grund ist *Berlin rund um die Uhr* nach Tageszeiten *und* Stadtteilen gegliedert. Je nachdem, wann Sie sich wo in der Stadt befinden, können Sie nachschauen, was dieses Buch Ihnen anbietet. Für morgens finden Sie vor allem Café-Tipps, tagsüber werden Parks, Museen, Läden oder auch mal ein Schwimmbad gereicht, am Abend stehen Restaurants, Kinos, Theater oder eine Brücke für den Sonnenuntergang zur Verfügung. Wer danach noch Lust auf eine Cocktailbar oder einen Tanzclub verspürt, soll ebenfalls nicht zu kurz kommen. Zu guter Letzt finden sich einige Hoteltipps für die geruhsame Nacht.

Aus naheliegenden Gründen habe ich auf touristische Evergreens weitgehend verzichtet. Dass Orte wie das Brandenburger Tor, die Reichstagskuppel oder der Checkpoint Charlie zu den Sehenswürdigkeiten der Stadt zählen, wissen Sie auch so. Zudem beschränkt sich das vorliegende Format auf 66 und 11 Orte. Da passt ohnehin nicht alles hinein, was man dem Leser gerne ans Herz legen würde. Aus diesem Grund habe ich mich bei der Auswahl der Orte auch auf den Innenstadtbereich beschränkt. Im Westteil der Stadt geht es nicht über die Waldbühne hinaus, im Ostteil ist in Treptow Schluss. Alle empfohlenen Orte sind unkompliziert und schnell erreichbar, schließlich werden viele von Ihnen nur wenige Tage in der Stadt sein – da möchte man nicht mehrere Stunden unterwegs sein, nur um irgendwo hinzugelangen. Einzig die vorgeschlagene Fahrradtour führt über Berlins Stadtgrenze hinaus, aber da ist das Unterwegssein ja bereits das Ziel.

Bei der Auswahl der empfohlenen Orte habe ich mich vor allem von zwei Kriterien leiten lassen: Meinem persönlichen Geschmack und dem, was ich in den zurückliegenden Jahren von Freunden und Bekannten, die auf Besuch waren, abgeleitet habe. Dieses Buch enthält also eine Mischung aus persönlichen Lieblingsplätzen sowie solchen, von denen ich annehme, dass sie für Sie interessant sein könnten.

Hier noch ein Hinweis: Ich bin Berliner. Aber kein »waschechter«. Zwar lebe ich bereits seit 1988 in Berlin und habe inzwischen in einem halben Dutzend Stadtteilen gewohnt, aber: Wer nicht in Berlin geboren ist, der ist kein »waschechter« Berliner. Sagt der Berliner. Da ist er eigen.

Er ist in manchem eigen, der Berliner. Merken Sie dann schon. Zum Beispiel beklagt er sich mit Vorliebe über die Touristenflut, die »seine« Stadt überschwemmt. Insgeheim aber schmeichelt es ihm natürlich, dass so viele Menschen nach Berlin kommen. So isser. Als Faustregel gilt: Nicht irritieren lassen. Hinter der sprichwörtlichen Berliner Schnauze verbirgt sich oft ein freundlicher, hilfsbereiter und zugänglicher Zeitgenosse. Nüscht für unjuut.

Eine schöne Zeit wünscht Ihnen

Edgar Rai

MORGENS

A.HORN /// CARL-HERZ-UFER 9 /// 10961 BERLIN /// 0 30 / 60 05 98 88 ///
WWW.KAFFEE-AHORN.DE ///

AUSZEIT, ALTBEWÄHRT
Café A.Horn

In direkter Nachbarschaft des beliebten Prinzenbades (offiziell: Sommerbad Kreuzberg, Seite 47) und sehr schön am Landwehrkanal gelegen, befindet sich das ebenfalls beliebte Café A.Horn. Inzwischen ist es schon lange kein Geheimtipp mehr – was Sie jedoch von einem Besuch nicht abhalten sollte.

Dem familiär geführten Restaurant gelingt, was in Berlin an erstaunlich vielen Orten gelingt: die Mischung aus Ambition und Lockerheit. Wenn jemand eine Idee hat, etwas will, seine Sache gut macht und dann noch den Spaß nicht verliert, hat er gute Chancen, früher oder später »erkannt« zu werden. Ohne an dieser Stelle politisch werden zu wollen: In einer Zeit, in der Filialisten ihre Netze über die ganze Welt auswerfen und man, egal wo man sich aufhält, den immer gleichen Shops begegnet, hält diese Erkenntnis etwas Tröstliches bereit.

Das A.Horn also: legt Wert darauf, kein Schnellrestaurant zu sein. Aus der Küche kommen nur selbst verarbeitete regionale Produkte, sogar Brot und Marmelade sind selbst gemacht, das Müsli selbst geröstet, mittags gibt es eine saisonale Tageskarte. Klingt ambitioniert und könnte unentspannt rüberkommen, tut es aber nicht.

Das wirklich hervorragende Frühstück kann man zu jeder Tageszeit einnehmen, wer mittagessen möchte, dem sei die hausgemachte Pasta empfohlen, abends der mediterrane Teller. Sogar Cocktails trinken kann man hier, am besten natürlich draußen unter der Markise oder auf der Bank unter dem Baum. Wenn das Wetter mal nicht mitmacht, innen bieten gemütliche Sitzgelegenheiten durch eine Glasscheibe einen hervorragenden Blick rüber in den hauseigenen Fahrradladen und man kann an der Kaffeetasse schlürfend werkelnden Händen bei der Arbeit zusehen. In jedem Falle gilt: immer mit der Ruhe.

Montags bis freitags ab 8 Uhr, samstags und sonntags ab 9 Uhr. U-Bahn-Station Prinzenstraße (U1).

FÜR PRUNKLIEBHABER
Grosz

Das 2012 eröffnete Grosz am Kurfürstendamm hat alles, was ein Café nicht braucht. Und davon reichlich. Eine prunkvolle Hommage an eine Zeit, die es so vielleicht nie gegeben hat. Oder doch? Jedenfalls wäre man wenig verwundert, am Nachbartisch plötzlich Tucholsky oder Dix sitzen zu sehen.

Das Cumberland-Haus, in dem das Grosz residiert, wurde kurz vor dem Ersten Weltkrieg eröffnet und war als vornehmer »Boarding Palast« konzipiert. Insgesamt 600 Zimmer fasste das Appartementhaus, inklusive Festsaal, Schwimmbad, *American Bar* und so weiter. Sieht man sich historische Fotos der Räumlichkeiten an, wirkt das heutige Grosz wie herausgeschnitten, koloriert, aufpoliert und wieder eingesetzt. Eine liebevoll rückwärtsgewandte Institution also, die dem Kurfürstendamm etwas von seinem lange verblassten Glanz zurückgeben soll. Ideengeber und Geschäftsführer des Grosz ist Roland Mary, der zugleich der Macher des Borchardt-Restaurants in der Französischen Straße ist, sich mit der »vornehmen« Gesellschaft also bestens auskennt. Nun also das Grosz.

Acht Meter sollen die Decken hoch sein. Das sagt ja eigentlich schon alles. Marmor und edles Holz, wo man hinsieht. Und Spiegel. Und Gold. Man glaubt sich in den Filmkulissen eines Historienschinkens über die Kaiserzeit. Und dann kommt die weiß beschürzte Bedienung, nimmt die Bestellung auf und macht die Illusion perfekt. Fortan ist man Teil der Inszenierung. Die muss Ihnen allerdings auch knapp fünf Euro für einen Cappuccino wert sein.

Das Grosz ist übrigens nicht nur Kaffeehaus, sondern zugleich Restaurant und Bar. Entsprechend ist die Küche von 9 bis 23 Uhr geöffnet. Mir gefällt es morgens am besten. Bei schönem Wetter können Sie auch im ehrwürdigen Innenhof speisen. Genießen Sie es! Mehr Grandezza ist in Berlin kaum zu bekommen.

☞ Ku'damm weiter rauf befindet sich das Französische Kulturinstitut samt Kino und Ausstellungssaal. Gut, um nach dem ganzen Prunk etwas Kultur zu tanken.

DOUBLE EYE /// AKAZIENSTRASSE 22 /// 10823 BERLIN ///
WWW.DOUBLEEYE.DE ///

ESPRESSO BEIM WELTMEISTER
Double Eye

Heutzutage gibt es ja Meisterschaften in nahezu allem. Man kann Weltmeister werden in Disziplinen, die sich vor 20 Jahren noch niemand hätte ausdenken können. Im Sudokulösen zum Beispiel, im Bungeespringen oder Würstchengrillen. Wer's braucht ... Es scheint auch eine Weltmeisterschaft für das Zubereiten von Espresso zu geben. Sonst hätte Arno Schmeil, der Inhaber des *Double Eye* nicht zweimal in dieser Disziplin Weltmeister werden können. Sei's drum. Auch ohne beglaubigten Kompetenzausweis wüsste sein Café in Schöneberg zu überzeugen.

Hier röstet der Chef seine Kaffeebohnen noch selbst. Wer möchte, kann sie auch abgepackt erwerben und zu Hause versuchen, einen ähnlich guten Espresso hinzubekommen. Ich persönlich erspare mir das. Für mich gehört zum Kaffee auch immer das Café. Und das ist in diesem Fall ein kleiner, gediegener Ort mit Liebe zum Detail. Drinnen gibt es ein Dutzend Stehplätze, was einen sofort an Italien erinnert, wo der Espresso zwischendurch ja üblicherweise im Stehen eingenommen wird. Die Einrichtung ist schlicht gehalten, auf barocke Deko wird verzichtet. Draußen auf dem Gehsteig bieten geschwungene Sitzbänke Platz für ein weiteres Dutzend Gäste.

Man hat die Wahl zwischen mildem und starkem Espresso (der starke ist nichts für Menschen mit Herzinsuffizienz), dazu passen kleine, leckere Schweinereien wie Croissants oder Pastéis de Nata. Den Espresso gibt's für einen Euro (auch das erinnert an Italien), das Croissant ebenfalls. Das Publikum ist gemischt, wie generell in Schöneberg.

Die umliegenden Straßen sind ebenfalls einladend. Im Dreieck zwischen Grunewald-, Haupt- und Eisenacher Straße lässt sich gut bummeln, anschließend kann man die Goltzstraße hinaufspazieren bis zum Winterfeldplatz.

Unweit davon, in der Langenscheidtstraße, führt eine Brücke über die S-Bahn-Gleise. Abends dort die Beine baumeln lassen, Bier trinken und urbane Romantik tanken.

TAGSÜBER

ESPRESSOBAR **SCHÄDELS** RESTAURANT

ESPRESSOBAR·RESTAURANT

SCHÄDELS /// ODERBERGER STRASSE 56 /// 10435 BERLIN ///
0 30 / 40 30 13 28 ///

RAUF AUF DIE ALPEN!
Schädels

2010 gegründet, hat sich das Schädels, das zunächst *Schädel & Sattler* hieß, als Mittagstisch-Kiezinstitution im Prenzlauer Berg etabliert. Klein ist's hier. Vier Tische, also maximal 20 Personen, fasst der Raum, bei entsprechenden Temperaturen haben zehn weitere unter der Markise auf dem Gehsteig Platz. Obwohl man zwischen nackten Betonwänden unter von der Decke hängenden Glühbirnen sitzt, fühlt man sich merkwürdig wohl in dem Restaurant mit der Glasfront, das sich optisch minimalistisch gibt und im Interieur Elemente aus Imbiss und schlichter Lunch- beziehungsweise Suppenküche vereint – was möglicherweise mit den guten Gerüchen zu tun hat, die sich aus der offenen Küche kommend im Gastraum ausbreiten.

Entscheidend für den Erfolg des Schädels ist, hier wie in jedem inhabergeführten Unternehmen, der Mensch hinter der Theke: Markus Schädel. Was der Bayer mitbringt, ist ganz schlicht die Leidenschaft für gutes Essen. Und für gute Zutaten.

Die täglich wechselnden Kreidetafeln bieten überwiegend Alpenländisches. Oft finden sich Risotto- und Pastagerichte auf der Karte, immer auch mindestens ein Fleischgericht und eine Suppe. Etwas mehr als für die Berliner Drei-Euro-Pizza muss man hier schon investieren. Und das ist gut so, denn wer sich einfach und schnell für drei bis fünf Euro den Magen füllen will, bekommt im Umkreis von 300 Metern reichlich Gelegenheit dazu.

Die Preise für ein Gericht im Schädels liegen in der Regel zwischen sieben und zehn Euro, bei einem Wildgulasch mit Serviettenknödeln auch mal darüber. Das ist für einen Berliner Mittagstisch zwar nicht ohne, aber für das, was man serviert bekommt, völlig angemessen. Jedenfalls sind mir hier noch nie ein welkes Salatblatt oder ein labberiges Allerweltsrisotto untergekommen.

Guten Appetit!

☞ Von Montag bis Freitag ist das Schädels von 8 bis 16 Uhr geöffnet, der nächstgelegene U-Bahnhof liegt an der Eberswalder Straße (U2).

Seit bald 20 Jahren treffen sich in dem als öffentlicher Ort in der Großstadt inszenierten Restaurant Menschen aus der Kunst- und Kulturwelt, um in gediegen-edlem Ambiente ihr Business Lunch einzunehmen oder beim Abendessen künftige Projekte zu besprechen.

Um an dieser Stelle in aller Kürze die Geschichtsträchtigkeit des Ortes aufzuzeigen: Das *Sale e Tabacchi* ist im Erdgeschoss des TAZ-Hauses untergebracht, gleich um die Ecke des ehemaligen Checkpoint Charly. 2008 wurde die Straße nach Rudi Dutschke benannt (Anlass war der 25. Todestag des Studentenführers), nur einen Steinwurf entfernt ragt das Springer-Gebäude auf.

Früher war in dem Gründerzeithaus eine Druckerei untergebracht, was die selbst für Berliner Verhältnisse ungewöhnliche Deckenhöhe erklären könnte. Sobald man das TAZ-Haus betritt, spürt man, dass die Inneneinrichtung als Gesamtkonzept gestaltet wurde. Der Schweizer Architekt Max Dudler zeichnet dafür verantwortlich. Anheimelnd ist die klare Nüchternheit nicht, die den Raum dominiert, das Konzept jedoch passt.

War die Gegend früher vor allem Presse- und Verlagsviertel, so siedelten sich in den vergangenen Jahren viele Galerien an, und auch das international renommierte Jüdische Museum ist nur wenige Gehminuten entfernt. Entsprechend geschäftig gibt sich das Publikum. Das Schöne dabei: Am *Sale e Tabacchi* haben nicht nur Architekten ihre Freude, denn zumindest das Mittagsmenü ist im Preis durchaus angemessen. Nutzen Sie also die Gelegenheit, sollten Sie ohnehin gerade in der Gegend sein – wenn Sie als Tourist die Stadt erkunden, ist das früher oder später sehr wahrscheinlich, siehe die Nähe zum Jüdischen Museum. Übrigens: Im Sommer können Sie auch im Innenhof essen, dann ist der Straßentrubel plötzlich sehr weit weg.

☞   Wie wäre es, wenn Sie nach dem Essen von hier aus dem Mauerweg nachgingen? Nach dem Essen soll man ja bekanntlich ruhen, oder tausend Schritte tun …

SAHARA /// REUTERSTRASSE 56 /// 12047 BERLIN ///

DIE ERDNUSS MACHT'S

Sahara

Es gibt nur wenige Straßenkreuzungen in Berlin, an denen nicht wenigstens ein Döner zu bekommen wäre. Und wo der Döner ist, sind Falafel und Shawarma nicht weit. Döner & Co. kosten nirgends viel. Das verhindert schon die Konkurrenz. Schlecht schmecken sie auch nicht. Zwischen 2,50 und 4 Euro bekommt man überall etwas auf die Hand, das zumindest guter Standard ist und satt macht.

Klar, dass jeder seinen persönlichen Imbiss hat, und dass der natürlich die besten Shawarma macht. Viele haben in jedem Bezirk ihren bevorzugten Falafelmann: Bei mir beispielsweise sind das in Schöneberg der Habibi am Winterfeldtplatz, im Prenzlauer Berg das Zweistrom in der Kollwitzstraße. Aber, und jetzt kommt das Sahara ins Spiel, auch unter den besseren arabischen Imbissen gibt es solche, die eine besondere Würdigung verdienen.

Das Sahara befindet sich an der Kreuzung Weser- und Reuterstraße – an dem Ort also, über den seit einigen Jahren die Gentrifizierungswelle hinwegschwappt. Äußerlich unterscheidet sich der Imbiss kaum von anderen: Gekachelte Wände, die Luft angereichert mit dem Duft von Kräutern, Gewürzen und Frittierfett, die Einrichtung spartanisch.

Den Unterschied macht, was sich hinter der Theke abspielt. Die Jungs sind offenherzig, gesprächig und selbst bei großem Andrang gut gelaunt. In die selbst gemachte Erdnusssoße möchte man sich, gelinde gesagt, hineinlegen. In Kombination mit der Auberginenpaste und den frischen Falafelbällchen gerät man schnell in Verzückung. Vor allem, weil man weiß: Es gibt nicht nur Falafel. Von omnivor bis vegan – Kufta, Halloumi, Makali, Tofu, um nur einige zu nennen – stehen selbst die Stammgäste häufig ratlos vor der Speisekarte, unentschlossen, was denn nun heute ins Hirse-Fladenbrot oder auf den Teller soll, und in welcher Kombination. Ihr Glück: Die Erdnusssoße ist immer dabei.

✍ Falls die Plätze alle belegt sein sollten: Auf einer Bank im Reuterpark, der direkt an das Sahara angrenzt, schmeckt Ihr Sandwich genauso gut.

HAFENKÜCHE /// ZUR ALTEN FLUSSBADEANSTALT 5 /// 10317 BERLIN ///
0 30 / 42 21 99 26 /// WWW.HAFENKÜCHE.DE ///

EHRLICHES ESSEN AM HAFEN
Hafenküche

In der Rummelsburger Bucht befinden Sie sich ganz schön weit ab vom Schuss. Aber manchmal will man das ja so. Ein bisschen aus dem Großstadttrubel rauskommen. Besser hier als etwa in Marzahn oder Rudow.

Die 2011 eröffnete Hafenküche befindet sich auf einem Industriegelände, das direkt an die Bucht grenzt, und sie bietet das, was man von einer guten Hafenküche erwartet: ehrliches Essen zu vernünftigen Preisen und außerdem einen Hafen mit Booten, der hier zugegebenermaßen eher pittoresk ausfällt.

Die Einrichtung ist klar und transparent – zur Hafenseite hin ist das kleine Restaurant vollverglast –, etwas viel Ikea vielleicht, aber vernünftig ausgeführt, und wenn erst das Feuer im Kamin prasselt, wird es richtig heimelig. Was Sie hier vergeblich suchen werden: verstaubte Netze an der Decke oder sprechende Fische an den Wänden.

Draußen überspannt ein Baldachin einen Teil des Parkplatzes, darunter tummeln sich ein Dutzend Loungemöbel sowie ein kleiner Glaskamin. Wer sich für eine der Bierbänke am Ufer entscheidet, blickt von hier auf den gegenüberliegenden Treptower Park.

Der Kuchen ist hausgemacht und lecker, für knapp drei Euro bekommt man ein Baguette mit Rührei, das einen auf jeden Fall für eine Weile satt macht. Neben wechselnden Tagesgerichten bietet die Kantine bis 18 Uhr Berliner Klassiker um die 5 Euro wie Buletten mit Kartoffelsalat oder Currywurst mit Pommes, aber auch Gemüsetarte mit Schmand und Salat. Die Abendkarte wartet mit mehr Finesse auf bei immer noch moderaten Preisen um die 15 Euro für ein Hauptgericht. Wer es exklusiver möchte, kann sein Essen auch auf dem Wasser zu sich nehmen – sofern er sich ein Boot mietet und sich einen Picknickkorb zusammenstellen lässt.

✍ Für die Boote brauchen Sie übrigens keinen Führerschein. Mieten können Sie sie nur online über www.spreebote.de – vom einfachen Tretboot bis zum Familienboot für bis zu zwölf Personen.

MÄRCHENBRUNNEN /// IM VOLKSPARK FRIEDRICHSHAIN ///
10249 BERLIN ///

Zunächst: Sie sollten nicht zu viel erwarten. Berlin ist nicht Rom. Eine *Fontana dei Quattro Fiumi* oder einen Trevibrunnen werden Sie in dieser Stadt vergebens suchen. Auch mit überlebensgroßen Statuen antiker Gottheiten oder bronzenen Schlachtrössern kann dieser Ort nicht aufwarten. Nein, am schönsten Brunnen Berlins, dem Märchenbrunnen, erwarten Sie Hans im Glück und der gestiefelte Kater, und die wirken alles andere als furchteinflößend. Dafür müssen Sie hier auch niemandem Gewalt androhen, um nahe genug ans Becken zu gelangen, sodass Sie einen Fuß ins Wasser strecken können.

Nur wenige Gehminuten vom Alexanderplatz entfernt, sind es nur ein halbes Dutzend Stufen, die an der Gabelung Friedenstraße / Friedrichshain in den Volkspark hinein und sofort zu dem aus vier Becken bestehenden Kaskadenbrunnen führen, der zur Ostseite hin von einem Arkaden-Halbrund abgeschlossen wird. Erste Pläne für die insgesamt 172 Meter lange Anlage gab es bereits in den 1890er-Jahren, fertiggestellt wurde sie jedoch erst 1913. Im Zweiten Weltkrieg zum großen Teil zerstört, stellte man sie Anfang der 50er-Jahre in vereinfachter Form wieder her. Seit 1959 steht sie unter Denkmalschutz. Neun kleine und eine nicht ganz so kleine Fontäne verteilen sich über die Kaskaden, insgesamt sind über die Anlage verteilt 106 Steinskulpturen zu finden.

Sollten Sie Kinder dabeihaben, können Sie als Erstes einmal um den Brunnen herumgehen und versuchen herauszufinden, welchen Märchen die Randfiguren entstammen. Es handelt sich um: Brüderchen und Schwesterchen, Hans im Glück, Aschenputtel, den gestiefelten Kater, Rotkäppchen, die sieben Raben, Schneewittchen, Dornröschen, Hänsel und Gretel und Rübezahl. Anschließend müssen Sie sich nur noch für die Schatten- oder die Sonnenseite entscheiden und lassen einfach so viel Zeit dahinplätschern, wie Sie Lust haben.

✐　Einer der sieben Zwerge trägt die Gesichtszüge des Malers Adolph von Menzel, dem vielleicht bedeutendsten deutschen Realisten. Erkennen Sie, welcher das ist?

ENGELBECKEN /// AM MICHAELKIRCHPLATZ /// 10999 BERLIN ///

NAHERHOLUNG, ENGELS(BECKEN)GLEICH
Engelbecken

Wie kommt das denn hierher, fragt man sich unwillkürlich, wenn man zufällig vorbeiläuft. Sofern man das Engelbecken überhaupt wahrnimmt. Denn wer im Auto daran vorbeifährt, wird es kaum bemerken. Es liegt unterhalb des Straßenniveaus.

Die Frage beantwortet sich, wenn man weiß, dass die Spree und der Landwehrkanal früher durch den Luisenstädtischen Kanal miteinander verbunden waren. 1926 wurde dieser Kanal dann aufgrund der Geruchsbelästigung und die durch das stehende Wasser bedingte Seuchengefahr teilweise zugeschüttet und in Gartenanlagen umgewandelt. So erklärt sich das tiefer gelegene Niveau des Beckens sowie dessen eigentümlicher Charme.

Während der Teilung in Ost und West schlief der direkt an der Mauer gelegene Platz lange Zeit seinen Dornröschenschlaf – bis 1991 entschieden wurde, eine abschnittsweise Rekonstruktion der Gartenanlagen vorzunehmen. Der indische Garten, der von der Anlage um den Taj Mahal inspiriert war, wurde wiederaufgebaut; zwar in »Rosengarten« umbenannt, immerhin aber wurde eine Rekonstruktion der im Dritten Reich eingeschmolzenen Buddhastatue integriert. Heute ist der gesamte ehemalige Kanal ein bei Joggern beliebter Spazierweg, und im Winter verwandelt sich das oasenhafte Wasserbassin in eine Schlittschuhbahn.

Namensgeber für den Michaelkirchplatz sowie das Engelbecken war übrigens der Erzengel Michael, dessen Statue nach Westen blickend am Kanal stand und in der DDR abgebaut wurde. Eine Kopie befindet sich heute an der Stirnseite der Sankt-Michael-Kirche, von der Fontane in seinen *Wanderungen durch die Mark Brandenburg* befand, sie sei »Berlins schönste Kirche«.

Im Krieg wurde das von dem Schinkel-Schüler August Soller entworfene Gotteshaus teilweise zerstört, später wieder aufgebaut. Seit dem Fall der Mauer, die quer zum ehemaligen Kanal verlief, ist die Sichtachse Oranienplatz – Engelbecken – Kirche wieder frei.

✍ Der Kanal wurde übrigens mit dem Aushub vom U-Bahn-Bau der heutigen U8 zugeschüttet. Die Haltestellen Moritzplatz und Heinrich-Heine-Straße sind nah.

BACCHUS WÜRDE SICH HIER AUCH GANZ WOHL FÜHLEN

Weinhandlung Baumgart & Braun

Die denkmalgeschützte Ackerhalle in der Invalidenstraße ist die einzige der vier historischen Berliner Markthallen, deren Fassade noch im Originalzustand ist. In dieser Markthalle befindet sich, direkt von der Straße aus zugänglich, die Weinhandlung *Baumgart & Braun*. Für Weinfreunde und solche, die es werden möchten, ein Quell der Freude.

Sobald Sie den Laden betreten, wird Ihnen als Erstes der imposante Kronleuchter ins Auge fallen. Jetzt aber schleunigst zu den Weinregalen. Die Anzahl der Weine variiert, niemand weiß das so genau, aber zwischen sechs- und achthundert werden es wohl sein, die sich in dem nur 50 Quadratmeter großen Laden inzwischen an den Wänden emporranken. Zum Glück ist die Decke beinahe fünf Meter hoch.

Über die Jahre schrumpfte die freie Wandfläche, die Anzahl der Weine stieg dafür. Das liegt schlicht daran, dass Inhaber Marcus Baumgart diejenigen Weingüter ins Sortiment aufnimmt, die er herausragend findet – egal, wann er sie entdeckt. So ist an viele Flaschen nur noch mit der Leiter heranzukommen.

Wenn Sie Schwierigkeiten haben, sich zu orientieren, fragen Sie ruhig. Wer auch immer aus dem Team gerade Dienst schiebt, hilft gerne. Ich muss es wissen, denn ich habe hier selbst zehn Jahre lang hinter der Theke gestanden. Die Weine sind nach Regionen geordnet – von Kanada über Frankreich bis Neuseeland. Ein besonderer Augenschmaus ist das Champagnerregal. Eine so erlesene Auswahl finden Sie in Berlin kein zweites Mal. Mein persönlicher Champagner-Tipp: *J. de Telmont Grande Réserve*. Kostet keine 30 Euro und hat mehr zu bieten als der deutlich teurere *Veuve Clicquot*.

Noch etwas: Keine hundert Meter weiter gibt es seit 2014 neben der Weinhandlung auch eine Fleischhandlung *Baumgart & Braun*. Hier gilt das gleiche Credo: das Beste aus aller Welt.

☞ Da schon in der Nähe des Rosenthaler Platzes – wie wäre es mit Kaffee im Waschsalon? Mit etwas Glück gibt es neben dem Schleudergang auch ein Jazzkonzert.

ETWAS LEBENSART FÜR DIE NASE

The Different Scent

Ich mag ja, wenn Menschen das, was sie tun, mit Leidenschaft tun. Egal, ob sie nun eine Wand verspachteln, Fußball spielen oder alten Menschen helfen. Oder eben eine Parfümerie betreiben. Willkommen im *The Different Scent* im Scheunenviertel. Letzteres ist so benannt, weil Kurfürst Friedrich Wilhelm 1670 aus Brandschutzgründen die Nutzung von Scheunen innerhalb der damaligen Stadtmauern untersagte und deshalb den Bau eines Scheunenviertels vor den Stadttoren anordnete. Sollten Sie hier einen Spaziergang machen – was Ihnen hiermit ausdrücklich ans Herz gelegt sei – wird Sie dieser wahrscheinlich am *The Different Scent* in der Krausnickstraße vorbeiführen. Und so Sie nicht vorher diese Zeilen gelesen haben, werden Sie den kleinen Souterrainladen wahrscheinlich übersehen. Dabei lohnt es sich, die schmale Stiege in den ehemaligen Kohlenkeller hinabzusteigen. Zumindest für diejenigen, die erlesene Düfte schätzen.

Die Visitenkarte des Ladens sagt eigentlich schon alles: ›Feinste Düfte/Erlesene Accessoires/Klassische Messerrasur/Schöne Geschenke‹. Und darunter: ›Kultur, Tradition und Lebensart‹. Die meinen es ernst.

Auf der Website ist zudem folgendes Motto zu lesen: ›*Beware of imitations.*‹ Das klingt ein bisschen, als wolle man – *beware of the dog* – möglichen Kunden Respekt einflößen, meint aber im Grunde nur: Wir sind keine Douglas-Filiale. Hier kommen Menschen her, die entweder genau wissen, was sie möchten und dass sie es woanders nicht so einfach bekommen, oder die nach einem besonderen Duft oder einer besonderen Rasiercreme suchen – ob für sich oder einen anderen. Sollten Sie also zufällig den Wunsch nach einem neuen Duft haben, einem, der zu Ihnen passt wie maßgeschneidert und Ihnen nicht außerdem an jeder dritten Bushaltestelle in die Nase weht, dann könnte dies der Ort sein, an dem Sie fündig werden.

Gut parfümiert können Sie Ihren Scheunenviertel-Spaziergang fortsetzen, und wenn Ihnen die Füße schmerzen: Sie sind ganz in der Nähe der Strandbar (Seite 57)!

CAFÉ EINSTEIN /// KURFÜRSTENSTRASSE 58 /// 10785 BERLIN ///
0 30 / 26 39 19 18 /// WWW.CAFEEINSTEIN.COM ///

FAST WIE IN WIEN
Café Einstein

Ach ja, das Einstein. Die holzvertäfelte Bibliothek, das Herrenzimmer, die beschürzten Kellner, der Garten mit den Sonnenschirmen. Gehört zu Berlin wie Rolf Eden oder der Ku'damm: Man kann sich einfach nicht vorstellen, dass es einmal verschwindet. Eine inzwischen weltbekannte Institution. Weniger bekannt ist, dass die Villa in der Kurfürstenstraße über einhundert Jahre Berliner Geschichte widerspiegelt.

Erbaut wurde das Gebäude mit der italienischen Renaissance-Fassade 1878 für einen Nähmaschinenfabrikanten. Damals lag der Ort noch außerhalb des Stadtzentrums. Heute befindet sich die Kurfürstenstraße mittendrin – samt ihrem verrufenen Straßenstrich. Um die Villa ranken sich zahlreiche Legenden: Goebbels habe sie gekauft und dem Stummfilmstar Henny Porten vermacht, ein illegales SS-Offizierskasino sei dort betrieben worden, außerdem habe eine direkte Rohrpostverbindung zum Führerbunker bestanden …

Tatsache ist, dass in den 20ern der jüdische Privatbankier Blumenfeld die Villa kauft und an einen geheimen Spielclub vermietet, der schnell zu einem Treffpunkt der High Society der Weimarer Republik avanciert. 1933 werden die Blumenfelds enteignet, später begehen sie Suizid. Vor dem Haus erinnern zwei Stolpersteine an das Schicksal der ehemaligen Eigentümer. Eine SS-Behörde wird eingerichtet, dennoch übersteht das Gebäude die Luftangriffe während des Krieges unbeschadet. Nach 1945 verfällt die Villa. Erst 1978, ein Jahrhundert nach der Grundsteinlegung, nimmt sich die Exil-Österreicherin Uschi Bachauer des Gebäudes an, macht ein Wiener Kaffeehaus daraus und knüpft so an die Berliner Kaffeehauskultur der 20er-Jahre an. Seitdem hat sich kaum etwas verändert. Ein Wiener Kaffeehaus eben: Man pflegt den Stillstand.

Mittagessen? Oder nur ein Stück Apfelstrudel? Egal: Eine der 600 unterschiedlichen Rumsorten, die das Einstein auf Lager hat, passt gewiss dazu.

PERGAMONMUSEUM /// BODESTRASSE 1 – 3 /// 10178 BERLIN ///

NEUES MUSEUM /// BODESTRASSE 1 – 3 /// 10178 BERLIN ///
0 30 / 2 66 42 42 42 /// WWW.SMB.MUSEUM/MUSEEN-UND-
EINRICHTUNGEN/NEUES-MUSEUM/HOME.HTML ///

Ägyptologie ist für Sie ein Buch mit sieben Siegeln? Vor- und Frühgeschichte begeistert Sie in gleichem Maße wie die letzte Regionalmeisterschaft im Synchronschwimmen? Geben Sie beiden eine Chance!

Neben der Museumsinsel in Mitte existieren drei weitere Museumszentren in der Stadt: das Kulturforum in Tiergarten, das Zentrum in Dahlem sowie die Gegend um das Charlottenburger Schloss. Die unangefochtene Nummer Eins ist jedoch die Museumsinsel. Kunst- und Kulturgeschichtsinteressierte können hier Wochen zubringen, manche ihr halbes Leben. Um sich einen ersten Eindruck zu verschaffen, reicht es jedoch, einmal um die Insel herumzugehen und sich anschließend für eines der Museen zu entscheiden.

Fünf von ihnen stehen zur Auswahl: das Alte Museum, das Neue Museum, das Pergamonmuseum, die alte Nationalgalerie sowie das Bode-Museum. Das Schöne ist: So, wie die Museumsinsel an sich bereits einen Besuch wert ist, lohnt auch der Besuch jedes der Museen, unabhängig davon, was es dort zu sehen gibt.

Für einen kurzen Überblick: Im Alten Museum sind die Griechen, Römer und Etrusker zu Hause. Hier gibt es vor allem antike Waffen, Goldschmuck und dergleichen zu bestaunen. Muss man wollen.

Im Neuen Museum sind das Ägyptische Museum sowie das Museum für Vor- und Frühgeschichte vereint. Hier geht es also noch weiter in die Vergangenheit zurück. In Zeitraffer: Steinzeit, Bronzezeit, Eisenzeit, Echnaton, Troja.

Im weltbekannten Pergamonmuseum haben die Griechen und Römer das Sagen. Außerdem sind hier 6000 Jahre vorderasiatische Geschichte zu betrachten. Das Museum für islamische Kunst ist ebenfalls hier untergebracht.

Das Bode-Museum ist im Wesentlichen eine Skulpturensammlung. Es sind auch Münzen (seit dem Beginn der Münzprägung im 7. Jahrhundert v. Chr.) sowie byzantinische Kunstwerke ausgestellt, das Herzstück aber bilden die deutschen und italienischen Plastiken und Skulpturen vom Mittelalter bis ins 18. Jahrhundert.

Die Sammlung der Alten Nationalgalerie streckt ihre Fühler bis ins 20. Jahrhundert aus. Da begegnet einem manches, das man schon einmal gesehen zu haben meint – und sei es auf einer Postkarte. Caspar David Friedrich zum Beispiel, oder auch ein Monet oder Renoir.

Die meisten Besucher – über eine Million jährlich – zieht das Pergamonmuseum an. Grund dafür sind vor allem die Architekturaufbauten aus griechischer und römischer Zeit, die in der Tat einen großartigen Eindruck vermitteln und für die sich auch Kinder schnell begeistern lassen. Wer sich nur ein klitzekleines Bisschen für Babylon oder das antike Griechenland interessiert, wird am Anblick des Pergamonaltars oder des Ischtar-Tors seine helle Freude haben. Empfehlen möchte ich an dieser Stelle jedoch das Neue Museum, das in seiner Beliebtheit hinter dem Pergamonmuseum auf Platz zwei rangiert. Und auch das erst seit wenigen Jahren.

Im Krieg wurde das Mitte des 19. Jahrhunderts erbaute Museum zerstört, anschließend dauerte es bis in die 80er-Jahre hinein, ehe eine Notsicherung erfolgte. 2003 endlich wurde mit der Restaurierung durch das Büro des Stararchitekten David Chipperfield begonnen. Im Oktober 2009 war es dann so weit: Nach 70-jähriger Schließzeit erfolgte die Wiedereröffnung des Museums. Seither – und dieser Umstand zog ebenso viel Aufmerksamkeit auf sich wie die Wiedereröffnung – ist die Büste der Nofretete, die oft als »berühmteste Berlinerin« bezeichnet wird, wieder an ihrem ehemaligen Ausstellungsort zu bewundern. Den gesamten Nordkuppelsaal hat man ihr zugedacht, dort thront sie in ihrer ganzen erhabenen und alterslosen Schönheit im Zentrum des Raumes in einer vier Meter hohen Glasvitrine, ohne dass ein weiteres Exponat die Aufmerksamkeit auf sich lenken könnte. Der Preis der Schönheit ist offensichtlich Einsamkeit – auch Tausende von Jahren später.

✍ Wenn Sie vorhaben, mehrere Museen zu besuchen, lohnt sich der Museumspass: Für 24 Euro (12 ermäßigt) haben Sie drei Tage lang freien Eintritt in 50 Museen.

PRINZESSINNENGÄRTEN /// PRINZENSTRASSE 35 – 38 ///
10969 BERLIN /// WWW.PRINZESSINNENGARTEN.NET ///

URBAN GARDENING IN BESTFORM
Prinzessinnengärten

Das Foto sagt es eigentlich schon: In den Prinzessinnengärten sitzt es sich wie in einem Gemälde von Max Liebermann. Und das direkt am Moritzplatz. Dabei hätte dem Urban Gardening-Projekt 2012 bereits der Boden entzogen werden sollen. Die Unterstützung jedoch war so groß, dass man an höherer Stelle ein Einsehen hatte.

Die Geschichte der 6.000 Quadratmeter großen Oase in Kreuzberg begann 2009, als engagierte Anwohner das über ein halbes Jahrhundert brachliegende Gelände von seinem Müll befreiten, die ersten mobilen Beete anlegten und eine gemeinnützige GmbH gründeten. Seither wachsen, blühen und gedeihen die Gärten und werden von Jahr zu Jahr schöner.

Inzwischen sind die Prinzessinnengärten ein internationales Vorzeigeprojekt und längst über das Gelände hinausgewachsen. Da werden Schulgärten gebaut, Workshops initiiert, eine Kompost AG gegründet, europäische Austauschprogramme vorangetrieben. Wer einen urbanen Garten in seiner Stadt oder Nachbarschaft ins Leben rufen möchte, kann sich beraten lassen.

Auf dem Areal wurden Bienenvölker angesiedelt und Imker ausgebildet. In Kooperation mit Schulen gibt es Klassen-Beetpatenschaften. Da findet der Bio-Unterricht dann im Freien statt, und Kinder und Jugendliche lernen nicht nur, wie man mit den eigenen Händen Kräuter und Gemüse anbaut, sondern schmecken das auch.

Dem 2010 eröffneten Containercafé folgte der Ausbau zur Gartenküche, die zwischen April und Oktober zum Verweilen einlädt. Bei gutem Wetter geht man hier mittagessen und bekommt neben ökologischen Produkten aus der Region seltene Gemüsesorten aus eigener Zucht serviert. Und mit dem Verkauf der Speisen und Getränke werden dann wieder Bildungs- und Beteiligungsaktivitäten finanziert. Was für ein Ort!

✍ Die Prinzessinnengärten bieten übrigens immer wieder Führungen und Workshops an. Samstags findet im Sommer außerdem ein Flohmarkt statt.

SOMMERBAD KREUZBERG /// PRINZENSTRASSE 113 – 119 ///
10969 BERLIN ///

VON PRINZEN UND BÄDERN
Prinzenbad

15

Natürlich gibt es in einer Stadt mit dreieinhalb Millionen Einwohnern jede Menge öffentliche Freibäder. In Berlin sind es mehr als 20. Darunter das Strandbad Wannsee mit seiner über 100-jährigen Geschichte und Platz für 50.000 Badegäste, das für die Olympischen Spiele 1936 erbaute Sommerbad mit seiner spektakulären Kulisse, oder auch das kleine Kinderbad Monbijou, das ausschließlich Kindern und deren Eltern vorbehalten ist. Den größten Kultstatus jedoch genießt das Prinzenbad.

Nicht erst seit hier Filmszenen für *Herr Lehmann* sowie die Kino-Dokumentation *Prinzessinnenbad* gedreht wurden, gilt das Prinzenbad, das offiziell den Namen Sommerbad Kreuzberg trägt, als beliebter Treffpunkt. Bereits als ich 1988 nach Berlin zog, galt es als das angesagteste Freibad.

Mit dem Bad selbst hat sein Ruf wenig zu tun. Das Prinzenbad ist mittelgroß und häufig voll. Immerhin verfügt es über ein 50-Meter-Becken, und wer sich früh einfindet, kann tatsächlich einigermaßen ungestört Bahnen ziehen. Die baumbestandene Liegewiese dehnt sich weit genug, um jederzeit einen Platz für sein Handtuch zu finden. Für Kinder wird ebenfalls einiges geboten, doch mit dem Angebot anderer Freibäder (in Pankow zum Beispiel gibt es eine Riesenrutsche, einen Sprungturm und eine Wasserinsel nebst Strudel) kann das Prinzenbad nicht mithalten.

Natürlich spielt der Ort eine Rolle. Zur Südseite hin grenzt das Prinzenbad an den Landwehrkanal, wer nach Norden blickt, sieht hinter den Bäumen im Drei-Minuten-Takt die U-Bahn vorbeirattern, die hier eine Hochbahn ist. Mit anderen Worten, wir sind im Herzen Kreuzbergs, und die bunte Mischung, die den Bezirk ausmacht, ist vollständig in diesem Bad vertreten. Hier finden sich Menschen jeden Alters und jeder Hautfarbe, Abhänger, Bodybuilder, Erstsemester, Prinzessinnen sowie selbst- und fremdernannte Kreative.

Nach einem langen Tag in der Sonne tun kühle Getränke gut – auf der anderen Seite der Brücke können Sie im A.Horn (Seite 15) unter Bäumen wieder zu Kräften kommen.

ZWISCHEN JAVA, LOMBOK UND DEM HAUPTBAHNHOF

Vabali

16

Seien wir ehrlich: Stil und Lebensart waren lange nicht die Worte, die einem als Erstes in den Sinn kamen, wenn man an Berlin dachte. Und mit »die Seele baumeln lassen« assoziierten viele Berliner eher eine Currywurst im Stehen oder eine Molle mit Korn in der Eckkneipe. Genussvoller Luxus zur Pflege des körperlichen und seelischen Wohlbefindens löste dagegen in erster Linie Argwohn aus.

Das hat sich sehr gewandelt. Wer größere Summen Geld für Körperpflege, Essen und Trinken, Kultur oder Schuhe ausgeben will, sieht sich auch in Berlin nicht länger vor Probleme gestellt. Was jedoch lange Zeit fehlte, war ein Premium-Spa, das einer Stadt, die sich gerne als Metropole sieht, würdig gewesen wäre. Et voilà: Mitte 2014 hat das Vabali seine kunstvoll geschnitzten Teakholztore geöffnet.

Die Macher betreiben unter anderen auch das Liquidrom in Kreuzberg und sollen 20 Millionen Euro ins Vabali investiert haben, um auf dem lange vernachlässigten Gelände am Poststadion ihr fernöstlich anmutendes Wellnessparadies entstehen zu lassen. Herausgekommen ist ein bis ins Detail stimmiges Wellness-Ensemble, das auch hohe Ansprüche zufriedenstellt.

Bereits beim Durchschreiten des Laubengangs, der auf das Gelände führt, beginnt man zu vergessen, dass der Hauptbahnhof nur wenige Gehminuten entfernt liegt. Spätestens beim Betreten des zentralen Hauses mit seinem Pool, den Holzterrassen und der umlaufenden Galerie, schaltet man dann automatisch zwei Gänge herunter.

Ruhe und Entspannung seien »die zentralen Themen«, fasst der Geschäftsführer das Konzept zusammen. Damit das auch gelingt, wenn das Vabali gut besucht ist, verteilen sich die insgesamt 11 Saunen, drei Dampfbäder und zahllosen Ruheräume stilsicher auf 20.000 Quadratmeter. Ein Ort, der die Bezeichnung »Oase« wahrlich verdient.

🛁 Machen Sie doch vor Ihrem Spa-Besuch einen Spaziergang an der Spree. Vom S-Bahnhof Bellevue kommend lässt sich angenehm am Nordufer entlang bis zur Moltkebrücke schlendern. Von hier aus ist das Vabali in nur fünf Minuten zu erreichen.

CAFÉ ÜBERSEE /// PAUL-LINCKE-UFER 44 /// 10999 BERLIN ///
0 30 / 61 62 67 80 /// WWW.CAFEÜBERSEE.DE ///

AM KANAL DIE SEELE BAUMELN LASSEN
Café Übersee

17

Von den vielen Cafés und Restaurants auf der Sonnenseite des Landwehrkanals ist das Übersee so etwas wie der Platzhirsch, da es den
Außenbereich auf der Uferseite der Straße betreibt, wo direkt am
Wasser unter Trauerweiden bis zu 150 Personen an wackeligen Holz-
tischchen Platz finden.

Vis-à-vis der ebenfalls beliebten Ankerklause auf der gegenüberliegenden Kanalseite ist dies jedenfalls der ideale Ort, um tagsüber das
Treiben auf der Kottbusser Brücke zu beobachten, oder abends unter
bunten Lampions und bei Kerzenschein den Tag aus- beziehungsweise den Abend anklingen zu lassen. Ab und an kommt ein Boot vorbei. Dem kann man hinterherschauen oder auch nicht, man kann ihm
hinterherwinken oder auch nicht – gewunken wird von den Booten
meistens, auch ohne Aufforderung durch eigenes Handschwenken.
Das Schlummerlicht, die Geräuschkulisse, die Kanalbrise … Das alles hat ein bisschen was von Frankreich oder Italien – wenn die Bedienung erst die Straße überqueren muss, bevor sie einem den Wein
bringen kann. Und wenn man ehrlich ist, könnte man den Kanalplät-
zen auch so etwas wie Romantik anhängen.

Vor dem Café selbst sitzt es sich ebenfalls südländisch familiär
unter einem Kletterpflanzendach. Schön ist es da, auch ohne Trauer-
weidencharme. Man ist etwas zurückgezogen, kann in Zeitschriften
blättern oder einfach die Gedanken davonfliegen lassen. Zu empfehlen ist der Mittagstisch der wöchentlich wechselnden Speisekarte –
los geht's ab 6 Euro – und natürlich das Frühstück, das berlintypisch
bis 18 Uhr angeboten wird. Perfekt also, um den Bummel über den
Türkischen Markt auf der gegenüberliegenden Kanalseite mit einem
gemütlichen Kaffee einzuläuten. Und über dem großen Sonntags-
frühstück kann man mühelos einen halben Tag rumbringen – trödel-
didum, trödeldidei.

🖋 Für einen Spaziergang am Landwehrkanal können Sie schon bei
der Prinzenstraße aus der U1 steigen und über die Wiesen Richtung Kottbusser Damm schlendern.

CAFÉ AM NEUEN SEE /// LICHTENSTEINALLEE 2 /// 10787 BERLIN ///
0 30 / 2 54 49 30 /// WWW.CAFEAMNEUENSEE.DE ///

SERVUS AUF BERLINERISCH, ODER ZUMINDEST EIN VERSUCH

Café am Neuen See

18

Berlin hat wirklich viel zu bieten: Kultur, Shopping, Freizeit, Amüsement … Biergärten hingegen sind kaum zu finden. Da treibt es jedem Bayern Tränen in die Augen. Einige aber gibt es, und unter denen ist das *Café am Neuen See* die unbestritten Königin.

Eins gleich vorweg: Die unangefochtene Biergartenqueen ist das *Café am Neuen See* nicht etwa, weil es hier besonders gutes Essen gäbe oder die Bedienung besonders freundlich wäre. Die viel gepriesene Steinofenpizza beispielsweise bietet zu wenig fürs Geld. Nein, die Beliebtheit des Biergartens rührt einfach daher, dass es hier besonders schön ist. Und ein passabel gezapftes Bier bekommen sie auch hin.

Der Name sagt es bereits: Das Café befindet sich an einem See. Es ist ein kleiner See, und der wiederum liegt im Tiergarten, mitten in Berlin also. Und für »mitten in der Stadt« ist es hier tagsüber wirklich lauschig. Abends nimmt das große Sehen und Gesehenwerden seinen Lauf, bevor man sich ins Nachtleben stürzt.

Am besten, man sucht sich seinen Platz auf einer der Holzterrassen, die das Wasser überragen, setzt sich mit dem Gesicht zur Sonne, nippt an seinem Frühabendbier, schaut den Enten bei ihrem Treiben zu und lässt langsam die Zeit verstreichen. Wer den Drang verspürt, sich sein Bier verdienen zu müssen, kann zuvor ein Boot mieten und ein Stündchen im Tiergarten umherrudern. Das zum Biergarten gehörige Restaurant ist übrigens ganzjährig geöffnet. Im Winter kann man hier bei Kerzenschein am Fenster sitzen und den Schlittschuhläufern zusehen.

Noch ein Tipp: Wer das Essen lieber rustikaler mag, die Preise ehrlicher und das Publikum uneitler, der geht vor bis zum Landwehrkanal und dann am Zoo entlang, bis er auf den Schleusenkrug trifft. Auch ein schöner Biergarten. Und man kann man hier beobachten, wie die Boote in der Schleuse gehoben oder abgesenkt werden.

☞ Das Restaurant *Café am Neuen See* ist täglich ab 9 Uhr geöffnet, der Biergarten unter der Woche ab 11 Uhr, am Wochenende bereits ab 10 Uhr. Prost!

KULTURSCHICK IM GARTEN
Literaturhaus Fasanenstraße

19

Nur wenige Schritte vom Ku'damm entfernt steht etwas zurückgesetzt in einem gepflegten Garten eine schmucke, kleine Villa wie eine Insel in der Zeit: das Literaturhaus in der Fasanenstraße.

Das zwischen den umgebenden Bauten geradezu schutzbedürftig wirkende Gründerzeithaus hat eine wechselvolle Geschichte erlebt. Ursprünglich als Privatvilla für den Korvettenkapitän der ersten deutschen Nordpolfahrt erbaut, wurde es in den 20er-Jahren von einer Stiftung erworben und als Domizil für ausländische Studenten genutzt. Später war es zugleich Diskothek und Bordell, dann sollte es einem Autobahnzubringer weichen. Schließlich kaufte es das Land Berlin, stellte es unter Denkmalschutz und renovierte es. Seit 1986 wird es als Literaturhaus genutzt.

Gedacht war das Literaturhaus bei seiner Gründung als Westberliner Institution zur Verbreitung, kritischen Rezeption und Förderung der Gegenwartsliteratur. Und auch wenn der Anspruch heute größer gedacht wird – ein bisschen ist es immer eine Westberliner Institution geblieben: bürgerlich, akademisch, *old school*. Was in diesem Fall einen Teil seines Charmes ausmacht. Die Zierbüsche im Gartencafé sind akkurat geschnitten, bei Lesungen freut man sich über jeden Zuhörer unter 50.

Neben klassischen Wasserglas-Lesungen richtet man Symposien sowie Tagungen aus, organisiert Vorträge und Ausstellungen. Vor allem im Kaminzimmer finden häufig Gastveranstaltungen statt. Man ist um ein abwechslungsreiches Programm bemüht. Wo an einem Tag eine Professorin über die Gesellschaft nach Auschwitz referiert, kann man sich am folgenden über das Überbewusstsein durch Yoga informieren. Wofür auch immer Sie sich entscheiden oder auch nicht entscheiden: ein Glas Weißwein im Garten ist Pflicht.

✍ Im Haus befindet sich übrigens die Buchhandlung *Kohlhaas & Co.*, die auf deutsch-jüdische Geschichte, Musik, Theater, Kultur und Berlin spezialisiert ist.

STRANDBAR MITTE /// IM MONBIJOU-PARK /// 10178 BERLIN ///
WWW.STRANDBAR-MITTE.DE ///

DIE SACHE MIT DEM STADTSTRAND
Strandbar Mitte

20

In den vergangenen Jahren haben in Berlin nach und nach so viele Strandbars aufgemacht, dass man sich fragt, wo der viele Sand herkommt. Dabei hat auch die deutschlandweite Strandbar-Manie, typisch Berlin, einmal ganz klein und als halb legales, beinahe subversives Unterfangen für Eingeweihte begonnen: mit der Strandbar im Monbijou-Park nämlich. Das war 2002. Für Berliner Verhältnisse vor einer Ewigkeit.

Von dem, was in der Zwischenzeit aufgetaucht ist, finde ich das meiste, unter uns gesagt, albern bis unerträglich. Touristen-Abzocke bei gleichzeitigem Versuch, dem Besucher das Gefühl zu vermitteln, er sei auf Malle, nur irgendwie toller und exklusiver. Natürlich hat diese Entwicklung auch vor dem Strandbad in Mitte nicht Halt gemacht, und so wirkt die Bar weniger beseelt als vor zehn Jahren. Doch ich will nicht jammern, sie ist mir noch immer von allen die liebste. Zudem kann sie mit etwas aufwarten, das sonst keine Strandbar bieten kann und das auch nicht kaputtzukriegen ist: ihrer Lage. Mitten in Mitte, keine fünf Gehminuten vom Hackeschen Markt entfernt, hat sie sich gegenüber der Museumsinsel halb verdeckt ans Ufer geschmiegt. Wer tagsüber kommt, um einen Kaffee zu trinken, unter Palmen zu sitzen und mit den nackten Füßen im Sand zu scharren, lässt gemächlich die Schiffe an sich vorbeischippern und hält sein Gesicht in die Sonne. Wer nach einem verschwitzten Tag seine Caipirinha oder sein Bier genießt, dem eröffnet sich der spektakuläre Blick auf das frisch restaurierte, nächtlich erleuchtete Bode-Museum. Sofern das Wetter mitspielt also ein wirklich geeigneter Ort, um den Tag bei mediterran-südamerikanischer Musik entweder ausklingen zu lassen, oder sich auf die bevorstehende Nacht einzustimmen. Oder beides.

✍ Jeden Montag ab 21 Uhr spielen kleine Bands im Amphitheater im Monbijou-Park. Die Musikrichtung ist, wie sollte es auch anders sein, »mediterran«.

STULLEN FÜR GOURMETS
Die Stulle

21

Eine Stulle bezeichnet in Berlin zunächst einmal nichts anderes als ein belegtes Brot und ist in der Regel eine sehr einfache Mahlzeit. Man schmiert sie sich zu Hause und nimmt sie als »Klappstulle« mit »auf Arbeit« oder steckt sie seinen Kindern in den Schulranzen. Finanziell prekäre Zeiten, in denen auf jeden Luxus verzichtet werden muss, beschreibt der Berliner gerne mal so: »Dann gibt es eben Stulle mit Brot.« Soll heißen: mit nichts dazwischen.

Im *Die Stulle* nahe dem Savignyplatz kann von »nichts dazwischen« keine Rede sein. Hier gibt es Stullen in High-End-Qualität. Entsprechend selbstbewusst bezeichnet man sich als »Lecker Essen Manufaktur«. Da kann Mutti nicht mithalten.

Das kleine Café-Restaurant, 2013 von der jungen Hotelbetriebswirtin Marlene Richter eröffnet, ist im typischen Berliner *Shabby Chic* eingerichtet: Es gibt ein paar Sessel, daneben schlichte, weiße Holztische mit passenden Stühlen. Als Regale dienen alte Weinkisten. Das Licht ist gedimmt. Gemütlich soll es wirken, und das tut es auch.

Das Angebot umfasst neben kalten und warmen »Neuinterpretationen klassischer Stullenvariationen« (da spricht die Hotelbetriebswirtin) auch Pancakes, Salate und wechselnde Suppen. Damit Sie sich etwas unter dem Wort Neuinterpretation vorstellen können, hier einige Beispiele: Schrotbrot mit geräuchertem Lachs und Zitronencreme; Auberginencurry, junger Lauch, Cranberrys; geschmolzene Ofentomaten, Ziegenkäse, frische Kräuter … Entscheidet man sich für die Stramme-Anne-Stulle, unterstützt man zugleich die gemeinnützige Initiative *berlin teilt.*

Die Zutaten stammen aus der Region und aus biologisch-ökologischer Produktion. Das Brot wird nach »klassischem Bäckerhandwerk« hergestellt. Wer möchte, kann sich all das auch liefern lassen. Guten Hunger.

Frühstück-, Mittag- oder Abendstulle? Wie Sie mögen – *Die Stulle* hat unter der Woche ab 9 Uhr zwölf Stunden lang geöffnet, am Wochenende ab 10 Uhr.

FLOHMARKT AM BOXHAGENER PLATZ /// BOHAGENER PLATZ ///
10245 BERLIN ///

Flohmärkte sind in Berlin ausgesprochen beliebt. Die meisten Bezirke haben ihre eigenen, und je nach Anwohnerstruktur schwankt das Angebot dort zwischen »garagig-abgerockt« über »alles geklaut« bis »akribisch aufpoliert«. Ich habe mich als Tipp für den Flohmarkt auf dem Boxhagener Platz entschieden.

Im Grunde genommen lässt sich die vieldiskutierte Gentrifizierung relativ simpel erklären. Für den Prenzlauer Berg zum Beispiel gilt: In den 90ern kamen die Studenten (böse Zungen behaupten, es seien ausschließlich Schwaben gewesen) und unterwarfen sich den billigen Wohnraum. Später wurden sie Architekten oder machten irgendwas mit Kultur, bekamen zwei Kinder und gründeten Gruppen für gemeinsame Bauprojekte. Heute ist der Bezirk nahezu durchsaniert, und wer sein Kind auf dem Gepäckträger zur Schule fährt, bekommt zwei Stunden später eine mahnende Elternvertreter-E-Mail.

Zehn Jahre später passierte dasselbe in Friedrichshain: Erst kamen die Studenten, dann die Touristen. Und wie es aussieht, wenn sich die mit den Alteingesessenen mischen, kann man sehr gut auf dem einstmals verschlafenen und heute umso angesagteren Boxhagener Platz beobachten, idealerweise sonntags zur Flohmarktzeit.

Neben gewerblichen Ständen mit Kunsthandwerklichem finden sich private Verkäufer, die ihren Hängeboden leergeräumt haben. Wer Kleidung, Möbel, Kleintrödel, Platten oder Bücher sucht, hat gute Chancen. Immer mit dabei sind Straßenmusiker sowie ein Puppenspieler, manchmal auch eine Akrobatikcrew, die an hängenden Stoffbahnen turnt. In der Umgebung gibt es zahlreiche Cafés, die sich zum Brunchen vor oder nach dem Flohmarktbummel eignen. Die Stimmung ist sonntäglich-verkatert und gerne hip. Im Zentrum des Platzes befindet sich ein Spielplatz, auf dem Kinder toben und Eltern ihren Kaffee aus Pappbechern trinken können. Immer rein ins Gewühl.

✍ Wenn Sie schon hier sind – weiten Sie Ihren Bummel doch Richtung Revaler Straße aufs RAW-Gelände aus. Da gibt es Street-Art, Musik und Kaffee.

TIERGARTEN /// 10557 BERLIN ///

TEEHAUS IM ENGLISCHEN GARTEN ///
ALTONAER STRASSE 2 / 2 A /// 10557 BERLIN ///
0 30 / 39 48 04 00 /// WWW.TEEHAUS-TIERGARTEN.COM ///

Der Vergleich drängt sich so sehr auf, dass er banal ist. Vermutlich stimmt er aber: Der Tiergarten ist für die Berliner das, was der *Central Park* für die New Yorker und der *Hyde Park* für die Londoner ist. Ein Naherholungsgebiet inmitten der Metropole.

Der mit 2,1 Quadratkilometern größte Berliner Park (ich zähle das Tempelhofer Feld nicht dazu) ist, wenn man so will, ein Restbestand. Im 16. Jahrhundert waren – damals noch außerhalb der Stadtmauern – zusammenhängende Areale umzäunt und mit Wildtieren bevölkert worden. Daher der Name Tiergarten. Allerdings diente er ursprünglich nicht der Erholung für die Bevölkerung, sondern als künstlich geschaffenes Jagdrevier für die Kurfürsten.

Erst Friedrich II. mit seiner ausgeprägten Vorliebe für Großprojekte ließ in der Verlängerung der Allee *Unter den Linden* eine Schneise durch den Tiergarten schlagen, um in direkter Linie das Stadtschloss mit dem Charlottenburger Schloss zu verbinden. In der Folge wurde das Jagdrevier dann nach und nach zu dem, was es heute ist: einem Park für alle.

Großwild findet sich nicht mehr, doch wenn man bedenkt, wie viele Menschen hier täglich joggen, grillen, Spielplätze nutzen oder einfach nur herumliegen, ist es erstaunlich, wie wohl sich Kaninchen, Fuchs und Wiesel fühlen. Außerdem gibt es wie beinahe überall im Stadtgebiet auch im Tiergarten erstaunlich viele Nachtigallen, und da Wasseradern den Park durchziehen, steht auch gerne mal ein Graureiher in der Gegend.

Schön ist's. Einfach treiben lassen. Meine persönliche Lieblings-Liegewiese ist die am Grundwasserteich im Englischen Garten. Einfach Jacke auf den Rasen legen, dazu ein gutes Buch, und fertig ist der Nachmittag. Zwischendurch kann man sich im Teehaus mit Essen und Getränken versorgen.

✍ Seit 1978 gibt es das Gaslaternen-Freilichtmuseum: 90 Laternen aus ganz Europa! Die Joseph-Haydn-Straße Richtung Schleusenkrug gehen und den Hals recken.

KLUNKERKRANICH /// **KARL-MARX-STRASSE 66** /// **12053 BERLIN** ///
0 30 / 66 66 66 /// **WWW.KLUNKERKRANICH.DE** ///

HAUPTSACHE NETT ZU DEN PFLANZEN
Klunkerkranich

24

Man nehme: ein kühles Getränk und einen mittelkitschigen Sonnenuntergang, dazu einen 360°-Panoramablick. Über den Dächern Berlins. Im Grünen. Bei entspannter Musik. Schon ist er fertig: der Klunkerkranich.

Kaum zu glauben, dass etwas so Lebendiges wie der Klunkerkranich an einem so tristen Ort entstehen konnte. Denn die Neukölln-Arkaden gehören fraglos zum Hässlichsten, was Berlin zu bieten hat. Ein seelenloser Glaskasten ohne Bezug zu dem, was ihn umgibt. Seit 2013 sitzt die Mischung aus Club, Garten, Restaurant und Strandbar auf dem Dach des Parkdecks (Zugang über das Parkhaus). Von dort oben kann man halb Neukölln überblicken und vergisst, dass man auf einer Bausünde steht. Das Konzept ist ganz im Sinne der Rooftop-Gardening-Bewegung: Gemüse, Kräuter und Blumen wachsen in meist aus recycelten Materialien gebauten Kästen (einer davon ist 500 Meter lang), dazwischen spannen Menschen in Grüppchen auf Holzpodesten aus, kühle Getränke in der Hand. Auch essen kann man hier, manches wird direkt aus den Dachgewächsen zubereitet. Ein DJ färbt die Atmosphäre mit entsprechender Musik ein. Auch wenn viel los ist, ist die Stimmung entspannt, immer wieder hört man Gelächter. An der Bar braucht man abends etwas Geduld. Ein bisschen fühlt es sich im Klunkerkranich auch wie auf einem Ausflugsschiff an. Man kann an der Reling lehnen, hie und da ragen Masten in den Himmel.

Der Anspruch, den die Betreiber haben, ist der eines »Kulturgartens«. Jeder darf mitgärtnern, jeder darf rein, jeder darf im Sandkasten buddeln. Auch wenn der Schwerpunkt auf DJ-Musik und Feierabendbier bzw. Nachfeierabendbiertanzen liegt – der Kranich ist ebenso für Kulturelles wie Lesungen und Workshops offen. Einzige Maxime: Sei nett zu den Pflanzen!

🍸 Wer am Wochenende nach 18 Uhr im Klunkerkranich den Sonnenuntergang genießt, der darf nach Ladenschluss umsonst im *Fuchs & Elster* weitertanzen.

MARTIN-GROPIUS-BAU /// NIEDERKIRCHNERSTRASSE 7 ///
10963 BERLIN /// 0 30 / 25 48 60 ///
WWW.BERLINERFESTSPIELE.DE/DE/AKTUELL/FESTIVALS/GROPIUSBAU/
UEBER_UNS_MGB/AKTUELL_MGB/START.PHP ///

DER SCHÖNSTE LICHTHOF GEHÖRT DER KUNST!

Martin-Gropius-Bau

25

Im Grunde ist es ganz einfach: Sie waren noch nie im Gropius-Bau? Dann gehen Sie rein. Ach, Sie interessieren sich nicht so sehr für zeitgenössische Kunst und so? Macht nichts. Gehen Sie trotzdem. Unabhängig davon, was gerade ausgestellt wird, ist das nach Vorbildern der Renaissance erbaute Gebäude eine Pracht – sein Architekt Martin Gropius war übrigens der Großonkel des Bauhaus-Architekten Walter Gropius.

Eröffnet wurde es 1881, damals als königliches Kunstgewerbemuseum. Nach dem Ersten Weltkrieg kam die Ostasiatische Kunstsammlung hier unter. Wenige Wochen vor Ende des Zweiten Weltkriegs wurde es schwer beschädigt. Heute fragt man sich, wie es danach über 30 Jahre dauern konnte, ehe man daran ging, die Ruine wieder aufzubauen. Kurz vor der Jahrtausendwende restaurierte man den Bau zuletzt grundlegend, 2001 übernahm der Bund die Trägerschaft, und die Berliner Festspiele übernahmen den Betrieb.

Seitdem werden etwa zehn Ausstellungen jährlich organisiert, die von zeitgenössischer Fotografie bis Archäologie praktisch alles abdecken können. 2014 zum Beispiel war neben der größten bisherigen Werkschau mit Arbeiten Ai Weiweis eine umfangreiche Ausstellung zu David Bowie zu sehen, doch auch die Irokesen und die Wikinger kamen nicht zu kurz.

Das zentrale gestalterische Element des in seinem Grundriss quadratischen Baus ist der 600 Quadratmeter große Lichthof mit den umlaufenden Galerien, die noch einmal so viel Fläche in Anspruch nehmen. Für manche Installation kommt daher bereits aus Platzgründen kein anderer Ausstellungsort in Berlin in Frage. Wenn Sie möchten, können Sie hier mühelos einen halben Tag zubringen, Hardcore-Kunstinteressierte bringen es auf einen ganzen. Da ich persönlich der Exponatflut großer Museen eher abgeneigt bin, beschränke ich mich bei einem Besuch meist auf zuvor ausgewählte Bereiche.

✐ Direkt nebenan befindet sich die sehr sehenswerte Dauerausstellung *Topographie des Terrors*. Deutsche Geschichte Open Air! Es lohnt sich, gehen Sie hin.

HAMBURGER BAHNHOF /// INVALIDENSTRASSE 50 – 51 ///
10557 BERLIN /// 0 30 / 2 66 42 42 42 /// WWW.SMB.MUSEUM/MUSEEN-
UND-EINRICHTUNGEN/HAMBURGER-BAHNHOF/HOME.HTML ///

WARTESAAL DER KUNST
Hamburger Bahnhof

26

In gewisser Weise gilt für den Hamburger Bahnhof, was auch für den Martin-Gropius-Bau gilt: Das Museum an sich lohnt den Besuch, auch wenn zeitgenössische Kunst Ihnen nichts sagt.

Auch die Biografien der beiden Museen ähneln einander: Wie der Gropius-Bau wurde der Hamburger Bahnhof ebenfalls während des Zweiten Weltkriegs stark beschädigt und nach der Teilung aufgrund seiner unmittelbaren Nähe zur Mauer jahrzehntelang sich selbst überlassen. Erst 1984 erfolgte eine teilweise Restaurierung, vollständig umgebaut und saniert wurde das Gebäude ab 1988 durch das Architekturbüro Kleihues. Seit 1996 ist es, was es heute ist: der Hamburger Bahnhof – Museum für Gegenwart. 2004 erweiterte man das Gebäude ein weiteres Mal, baute die ehemaligen Speditionshallen um und schuf eine Verbindung zum Hauptgebäude. So wuchs die Ausstellungsfläche von 7.000 auf 13.000 Quadratmeter.

Anzusehen ist dem Gebäude seine ursprüngliche Funktion nach wie vor, denn zumindest die Fassade des spätklassizistischen Kopfbaus gleicht der von 1846. Erbauer war der Architekt und Eisenbahnpionier Friedrich Neuhaus, der mit dem Hamburger Bahnhof so etwas wie die Blaupause für die späteren Berliner Bahnhöfe lieferte. Erhalten ist aus dieser Zeit jedoch nur noch dieser.

Die Nationalgalerie im Hamburger Bahnhof beherbergt eine der größten und wichtigsten öffentlichen Sammlungen zeitgenössischer Kunst weltweit. Das Konzept ist offen, sammlungsübergreifend und bezieht alle von Künstlern verwendeten Medien mit ein. Zu den Sammlungen gehören die Friedrich Christian Flick Collection (als Dauerleihgabe) sowie die beeindruckende Sammlung Marx (unter anderem Joseph Beuys, Anselm Kiefer, Andy Warhol). Da die Sammlungen zu umfangreich sind, um sie vollständig zu zeigen, werden sie in wechselnden thematischen Ausstellungen präsentiert.

✎ Die nächste Haltestelle (S- und U-Bahn) ist der Hauptbahnhof. Öffnungszeiten des Hamburger Bahnhofs: Di–Fr 10–18 Uhr, Do 10–20 Uhr, Sa und So 11–18 Uhr.

ATER AM POTSDAMER PLATZ

C/O BERLIN /// HARDENBERGSTRASSE 22 – 24 /// 10623 BERLIN ///
0 30 / 28 44 41 60 /// WWW.CO-BERLIN.ORG ///

»SCHULE DES SEHENS« AN DER FRISCHEN LUFT

C/O Berlin

27

Das im Jahr 2000 als private Institution gegründete C/O Berlin war lange Zeit im ehemaligen Kaiserlichen Postfuhramt in der Oranienburger Straße untergebracht und alleine deshalb einen Besuch wert. Inzwischen hat der eine Investor das grandiose Gebäude an den nächsten verkauft, es wird von einem Hotel und Luxuswohnungen gesprochen. Jedenfalls musste das C/O sehr zum allgemeinen Bedauern seinen Ausstellungsort wechseln.

Das C/O, das sich als internationales Forum für visuellen Dialog begreift, hat sich insbesondere als Ausstellungshaus für zeitgenössische Fotografie einen Namen gemacht. Ungefähr 15 Ausstellungen pro Jahr werden gezeigt, oft mit Werken international renommierter Fotografen wie Annie Leibovitz, Anton Corbijn oder Peter Lindbergh. Während der Jahre im Postfuhramt habe ich persönlich keine Ausstellung erlebt, die ich nicht mit Gewinn besucht hätte. Daneben werden Veranstaltungen organisiert, man bemüht sich um die Förderung junger Talente und zeigt Kindern und Jugendlichen spielerisch die Geheimnisse der Bildkomposition. Und bei alledem soll ein Ziel stets verfolgt werden: die Förderung unkommerzieller und unabhängiger Fotografie.

Auch der neue Sitz des C/O, das Amerika-Haus in der Hardenbergstraße, hat Geschichte. In den 50er-Jahren als kulturelle deutsch-amerikanische Begegnungsstätte erbaut, war es anfangs offen für den Dialog – bis die antiamerikanischen Proteste in den 60ern und nach dem 11. September dazu führten, dass die Öffentlichkeit zunehmend ausgesperrt wurde. Vor 2006, als die Immobilie an die Stadt übereignet wurde, war das Amerika-Haus gesichert wie eine Kaserne und nur geladene Gäste hatten noch Zutritt.

Jetzt ist es wieder offen für jedermann, und die ersten Ausstellungen haben auf eindrucksvolle Weise gezeigt, dass man auf dem besten Weg ist, das Haus mit neuem Leben zu füllen: eine Geschichte mit vorläufigem Happy End.

✍ Perfekt für einen Spaziergang vom Zoologischen Garten aus (U2, U9, S5, S7, S9, S 75). Die Open-Air-Ausstellung ist rund um die Uhr geöffnet und kostenfrei.

STADTBAD NEUKÖLLN /// GANGHOFERSTRASSE 3 /// 12043 BERLIN ///
0 30 / 6 82 49 80 /// WWW.BERLINERBAEDER.DE/77.HTML ///

ZWISCHEN TRAVERTINSÄULEN BAHNEN ZIEHEN
Stadtbad Neukölln

28

Um die Erwartungen gleich zu dämpfen: Berlin ist nicht Budapest, wo überall heiße Quellen aus dem Boden schießen, weshalb die Stadt mit historischen Thermalbädern übersät ist. Doch auch in Berlin gibt es eine Handvoll schöner öffentlicher Badeanstalten. Die schönste von ihnen befindet sich in Neukölln.

Zwischen 1912 und 1914 erbaut, war das Stadtbad Neukölln bei seiner Eröffnung eines der modernsten und größten Hallenbäder Europas. Damals planschten die Herren noch in der großen, die Damen in der kleinen Schwimmhalle.

Der Architekt Reinhold Kiehl hatte sich bei seiner Planung an der Bauweise antiker Thermen orientiert, der Grundriss ist dem eines griechischen Tempels ähnlich. Seither hat sich das Erscheinungsbild des Bades kaum gewandelt, weshalb sich beim Betreten etwa der großen Schwimmhalle augenblicklich das Gefühl einstellt, so müssten bereits die alten Römer gebadet haben. Das Becken ist von hohen Travertinsäulen umstanden, Wandelgänge säumen die Halle, Mosaiken zieren die Gewölbe.

Ursprünglich war in dem Gebäude auch die Volksbibliothek untergebracht, die mit dem Bad durch ein Atrium verbunden war. Der Ort sollte zugleich der körperlichen Ertüchtigung und der geistigen Erbauung dienen.

Neben der großen (25-Meter-Bahn) sowie der kleinen (19 Meter) Schwimmhalle gibt es Nichtschwimmerbereiche und vor allem einen ausgedehnten Saunabereich (mit Dachgarten!), der unter anderem eine Kräuter- und eine finnische Sauna, ein Moordampfbad, ein Kaldarium und ein Sanarium umfasst. Zum Schluss noch ein kleiner Dämpfer: Die meiste Zeit herrscht in dem Bad ein ziemlicher Trubel. Wer ungestört Bahnen ziehen will oder beim Saunieren vor allen Dingen auf Abgeschiedenheit Wert legt, der wird an einem ruhigeren Ort mehr Freude haben.

🕯 Von Oktober bis Mai findet jeden letzten Freitag im Monat das Mitternachtsschwimmen statt – Bahnen ziehen bis ein Uhr morgens! Wieso auch nicht.

BERLIN-TEMPELHOF

TEMPELHOFER FREIHEIT /// TEMPELHOFER FELD /// 12099 BERLIN ///
WWW.TEMPELHOFERFREIHEIT.DE ///

FREIHEIT FÜR DAS FELD
Tempelhofer Freiheit

29

Der Berliner ist eigenwillig. Und lässt sich ungern etwas vorschreiben. Was opportun erscheint, weckt bei ihm zunächst einmal Argwohn. 2014 zeigte sich das bei einem Volksentscheid über die Zukunft des Tempelhofer Feldes. Keine der im Senat vertretenen Parteien sprachen sich grundsätzlich gegen eine Bebauung aus. Der Berliner schon. So darf das Feld, das größer ist als der *Central Park* in New York, bis auf Weiteres nicht bebaut werden.

In der ersten Hälfte des 19. Jahrhunderts wurden auf dem Gelände bereits Pferderennen ausgetragen, später diente es militärischen Zwecken. Nach dem Ersten Weltkrieg baute man es zu einem zivilen Flughafen um, der sich schnell zum größten Europas entwickelte. 1933 wurde das ehemalige Militärgefängnis auf dem Tempelhofer Feld der Gestapo unterstellt, die es zwei Jahre als Konzentrationslager betrieb. Die Arbeiten am heutigen Bau begannen 1936, bei seiner Fertigstellung war er das größte Gebäude der Welt (heute ist er das viertgrößte).

Nach dem Krieg bekam der Ort, dessen Architektur exemplarisch für den Größenwahn und die Verbrechen der Nazis stand, eine neue Bedeutung: Als 1948 der Westteil der Stadt durch die Berlin-Blockade von allen Versorgungswegen abgeschnitten wurde, befahl der US-amerikanische Militärgouverneur die Einrichtung einer Luftbrücke, um die Versorgung der Bevölkerung sicherzustellen. Innerhalb von nur 14 Monaten landeten mehr als 270.000 »Rosinenbomber« in Tempelhof, und der Flughafen wurde zum Symbol der Freiheit. 2008 hob die letzte Maschine ab. Seither ist das riesige Feld, was immer Sie für sich daraus machen. Ob Sie dabei ein bisschen gärtnern wollen oder an Yoga- und Trommelkursen teilnehmen, Drachen steigen lassen oder einfach nur auf dem Rasen liegen – passen Sie auf dem Rollfeld auf die Kiteblader und Skatesurfer auf. Ansonsten gilt: abschalten und die coole Tempelhofer Freiheit genießen.

✐ Es gibt Führungen mit so abenteuerlichen Namen wie *Mythos Tempelhof* oder *Verborgene Orte* – sehr empfehlenswert. Tickets bekommt man bei der Tempelhofer Freiheit: 0 30 / 2 00 75 03 74 41.

GÖRLITZER PARK /// ZWISCHEN GÖRLITZER STRASSE UND WIENER STRASSE /// 10999 BERLIN ///

JEDER NACH SEINER FASSON UND ALLET IS JUT
Görlitzer Park

30

Wer in der Vergangenheit die Berichterstattung in den Berliner Medien verfolgt hat, konnte schnell den Eindruck gewinnen, der Görlitzer Park sei in erster Linie eine große Drogenverkaufswiese. An schönen Tagen aber findet sich auf dem weitläufigen Gelände ein Querschnitt Kreuzberger Lebensart.

Zunächst einmal: Es stimmt. Im »Görli« werden eine Menge Drogen vertickt. Die Versuche, die Dealer von dem Gelände fernzuhalten, zeugten in den vergangenen Jahren vor allem von Hilflos- und Halbherzigkeit. Der Kreuzberger nimmt's gelassen, lehnt sich zurück und betrachtet, wie die Dealer gelangweilt ein Stück weitergehen, sobald sie von der Polizei gestört werden.

Davon abgesehen befinden sich auf dem Gelände ein Kinderbauernhof (mit echten Tieren!), eine Obstbaumpflanzung (mit echtem Obst!), Sport- und Spielplätze und sogar ein kleiner See. Im Sommer fliegen Frisbeescheiben, aus unterschiedlichen Richtungen ertönt Musik, Fahrräder liegen im Gras. Zugegeben: Englischer Rasen sieht anders aus, aber ein nettes Plätzchen findet sich immer irgendwo. Im Winter wird gerodelt. Kann eng werden. Da Berlin sehr flach ist und Wintersportfreunden praktisch nichts zu bieten hat, gilt der 80 Meter lange Hang im südlichen Teil des Parks bereits als Attraktion. Darwin lässt grüßen: Wer sich hier durchsetzt, kann sich später überall durchschlagen.

Bevor er in den 1990er-Jahren ein Park wurde, war der »Görli« übrigens Standort des preußisch-majestätischen Görlitzer Bahnhofs. Reste davon sind noch heute zu entdecken und teilweise als Gestaltungselemente integriert. So zum Beispiel die Reste des ehemaligen 170 Meter langen Fußgängertunnels, der zu Zeiten des Bahnhofs das Gelände unterquerte und im Volksmund »Harnröhre« genannt wurde. Auch die Bahnbrücke, die am südlichen Ende aus dem Park heraus über den Landwehrkanal führt, stammt aus dieser Zeit.

✎ Für Jazzfans gibt es dienstags ab 22 Uhr in der Bar Edelweiss (im Park beim Eingang Skalitzer Straße) eine hochklassige Jamsession. Hingehen und tanzen!

TREPTOWER PARK /// 12435 BERLIN /// WWW.TREPTOWERPARK.DE ///

DAS SOWJETISCHE EHRENMAL UND DIE INSEL DER JUGEND

Treptower Park

31

Mitte des 19. Jahrhunderts beschloss der Berliner Magistrat erstmals die Konzeption großzügig angelegter Volksparks für die Stadt. In den darauf folgenden Jahrzehnten entstanden unter anderem der Friedrichshain, der Humboldthain sowie der Treptower Park. Letzterer wäre selbst nach heutigen Maßstäben ein städteplanerisches Großvorhaben. Drei Millionen Quadratmeter Rasenflächen wurden angelegt, 70.000 Bäume gepflanzt. Gänzlich neu war die Idee, einen Spielplatz ins Zentrum des Parks zu rücken.

Nach seiner Fertigstellung 1888 wurde der Park schnell zu einem der beliebtesten Ausflugsziele Berlins. Diverse Gartenrestaurants verteilten sich über das Gelände, an der Spree gab es Bademöglichkeiten. Das Motto lautete: »Hier können Familien Kaffee kochen.«

Kaffee kochende Familien trifft man hier heute zwar nicht mehr an, doch ein Ausflug lohnt nach wie vor. Auf insgesamt vier Kilometern Länge säumt ein Uferweg die Spree, über den gesamten Park verteilen sich Spiel- und Liegewiesen, in der »Plansche« im angrenzenden Plänterwald können sich Groß und Klein an heißen Tagen jubelschreiend unter Wasserfontänen abkühlen.

Die 13 Meter hohe Bronzefigur des imposanten Sowjetischen Ehrenmals wird Ihnen kaum entgehen. Sie stellt einen Soldaten mit Schwert und Kind auf dem Arm dar, der ein Hakenkreuz zertritt. Das Kind soll eigentlich allegorisch für das unschuldige Volk stehen, dennoch bildete sich bereits zu DDR-Zeiten der Mythos, dass es sich bei der Figur um den Sergeanten Nikolai Iwanowitsch Massalow handele, der beim Sturm auf die Reichskanzlei am 30. April 1945 ein kleines Mädchen gerettet haben soll.

Ich empfehle Ihnen in jedem Fall den Gang auf die *Insel der Jugend*. Hier können Sie in unaufgeregter Atmosphäre Ihren Ausflug im Inselgarten ausklingen lassen oder sich ein Bötchen mieten und noch ein bisschen auf der Spree schippern. Oder beides.

🌿 Schauen Sie mal nach, ob ein Konzert oder Freiluftkinoabend auf der Insel der Jugend stattfindet: www.inselberlin.de

USLAR & RAI /// SCHÖNHAUSER ALLEE 43 /// 10435 BERLIN ///
0 30 / 48 49 23 70 /// WWW.USLARUNDRAI.DE ///

KULTURBRAUEREI /// SCHÖNHAUSER ALLEE 36 /// 10435 BERLIN ///
0 30 / 44 35 26 14 /// WWW.KULTURBRAUEREI.DE ///

KOMMEN SIE AUF EIN BUCH VORBEI!
Uslar & Rai

32

Diesen Ort mag ich so sehr, dass ich hier fast täglich anzutreffen bin: die Buchhandlung *Uslar & Rai*. Natürlich komme ich vor allem deshalb so oft her, weil ich Teilhaber dieser Buchhandlung bin. Gefallen aber würde sie mir auch so.

Als meine Geschäftspartnerin Katharina von Uslar und ich 2012 überlegten, gemeinsam eine Buchhandlung zu eröffnen, war unsere Idee: Lass sie uns so machen, dass wir selbst gerne reingehen würden. Daran haben wir uns gehalten. Wir haben lange gesucht, bevor wir den richtigen Laden gefunden hatten, wir haben ihn nach unseren Vorstellungen renoviert und umgebaut (vorher wurde ein fensterloses Bordell in den Räumen betrieben), die Buchauswahl folgt unserem Geschmack.

Das bedeutet auch: Bei uns gibt es viele Dinge nicht. Leuchtflummis zum Beispiel, oder Hello-Kitty-Schlüsselanhänger oder auch bedruckte Plastik-Eierbecher. Für solche Sachen müssen Sie leider woanders hingehen. Bei uns gibt es vor allem Bücher, am liebsten schöne und gute und davon reichlich. Romane, Kinderbücher, Krimis, Sach- und Kochbücher, alles über Berlin sowie eine Auswahl an englischen Titeln. Was wir nicht vorrätig haben, bestellen wir Ihnen gerne zum folgenden Tag, oder aber Sie nutzen unseren Webshop, machen es selbst und lassen es sich nach Hause schicken.

Zwei bis drei Mal im Monat finden literarische Veranstaltungen bei uns statt. Dann geht's rund. Besonders stolz sind wir auf die von uns ins Leben gerufenen Reihen »Die Lieblingsbücher von …«, bei der prominente Persönlichkeiten über ihre fünf Lieblingsbücher sprechen und daraus lesen, sowie den »Debütantenball«, bei dem ausgewählte Autoren aus ihren ersten Romanen lesen. Für sämtliche Veranstaltungen gilt: Eintritt 7 Euro, der Wein geht auf's Haus. Eine schöne Zeit in Berlin wünscht Ihnen Edgar Rai.

BIKINI-HAUS BERLIN /// BUDAPESTER STRASSE 38 — 50 ///
10787 BERLIN /// WWW.BIKINIBERLIN.DE ///

BIKINI, PAVIAN UND DIE KURATIERTE KLAMOTTE

Bikini-Haus

33

Als das Bikini-Haus im Frühjahr 2014 nach mehrjähriger Umbauphase wieder seine Tore öffnete, bejubelten Teile der Berliner Tagespresse dies wie eine lang ersehnte Rettung. Man sah und sieht in dem langgezogenen 50er-Jahre Bau, der seinen Namen der architektonischen Zweiteilung verdankt, sehr viel mehr als eine weitere Shopping-Mall. Das Bikini-Haus sollte die Identität der neuen, selbstbewussten und modernen *City West* stiften.

Über Jahrzehnte dümpelte der moderne, aber glanzlose Bau vor sich hin und schien nur noch sein Ende zu erwarten. Jetzt, da er in neuem Glanz erstrahlt, wertet er den gesamten Breitscheidplatz deutlich auf. Ein Statement.

Zur Eröffnung war die Stadt gepflastert mit Plakaten, auf denen ›neues Kaufen‹ oder ›shop different‹ zu lesen stand. Wirklich anders? Über das Innenleben des Bikini-Hauses sollte man sich keinen Illusionen hingeben: Am Ende geht es doch ums Konsumieren. Das Kaufangebot unterscheidet sich nicht wesentlich von dem anderer Malls – eine Aneinanderreihung von Label-Shops, die man alle schon einmal irgendwo gesehen hat, flankiert von unterschiedlichen Gastro-Angeboten und großzügig gestalteten Verzehrflächen. Sofern es etwas gibt, das das Shoppen hier »different« macht, ist es die Form der Präsentation. Ich meine mich zu erinnern, dass es die *Süddeutsche* war, die zur Eröffnung schrieb, die Waren würden im Bikini-Haus nicht länger präsentiert, sondern kuratiert. Zumindest der Gestalten-Pavillon legt von dieser Absicht ein beredtes Zeugnis ab.

Die Highlights für mich sind der Blick vom Breitscheidplatz auf das Gebäude und das Panoramafenster des zentralen Cafés mit Blick auf das Paviangehege, durch das sich eine interessante Beobachtersituation ergibt, bei der man sich fragt, wer hier eigentlich das Zootier ist.

Vom S- und U-Bahnhof Zoologischer Garten ist es ein Katzensprung, shoppen und Paviane gucken kann man montags bis samstags von 10 bis 20 Uhr.

GRIMMZENTRUM /// GESCHWISTER-SCHOLL-STRASSE 3 ///
10117 BERLIN /// 0 30 / 2 09 39 93 70 ///
WWW.GRIMM-ZENTRUM.HU-BERLIN.DE ///

EINE DER MODERNSTEN
BIBLIOTHEKEN DEUTSCHLANDS

Jacob-und-Wilhelm-Grimm-Zentrum

34

Die 2009 eröffnete Bibliothek der Humboldt-Universität in Mitte ist ein Augenschmaus für Freunde moderner Architektur. Vom Schweizer Architekten Max Dudler entworfen, gehört sie zu den modernsten Bibliotheken des Landes.

Eine formale Strenge prägt den zehngeschossigen Gebäudekomplex – außen wie innen. Wer nach dem zentralen gestalterischen Element sucht, wird feststellen, dass es im Abstand der Regale zueinander zu finden ist. Dies liegt der gesamten Bibliothek als Raster zu Grunde. Ein klassischer Fall von *function follows form* also. Benutzerfreundlich ist das nicht und auch nicht frei von Zwanghaftigkeit, aber toll aussehen tut es.

Herzstück des Jacob-und-Wilhelm-Grimm-Zentrums bildet der sakral anmutende große Lesesaal. Er ist 70 Meter lang, 12 Meter breit und – jetzt kommt's – 20 Meter hoch. Die Leseplätze sind terrassenartig angelegt, das Dach ist aus Glas und gibt den Blick in den Himmel über Berlin frei. Die Plätze sind, Sie ahnen es, heiß begehrt. Zum Glück ist die Bibliothek wochentags bis 24 Uhr geöffnet. So kann, wen es nach Muße verlangt, seine Studienzeit in die Abendstunden verlegen. Das hat noch einen Vorteil: Ab 19 Uhr ist die *Home Zone* aufgehoben, die besagte Terrassenplätze im Lesesaal für Studierende der Humboldt-Universität reserviert.

Der in Deutschland einmalig große Freihandbestand ist von den Leseterrassen aus direkt zugänglich. Etwa 6,5 Millionen Bücher verteilen sich hier auf circa 60 Regalkilometer. Kein Wunder, dass die Bibliothek von täglich mehr als 5.000 Besuchern in Anspruch genommen wird.

Noch ein Tipp: Wenn Ihnen das jetzt alles nach zu viel klingt, Sie aber dennoch eine großzügige Bibliothek suchen, in der sich gut lernen, arbeiten und lesen lässt, gehen Sie in ins *Haus Potsdamer Straße* der Staatsbibliothek zu Berlin. Die ist nicht ganz so modern, dafür aber weniger hektisch.

✎ Taschen sind im Inneren des Grimmzentrums nicht erlaubt. Formschöne Tüten bekommen Sie am Eingang. Vergessen Sie das Vorhängeschloss für den Spind nicht!

KUNSTQUARTIER BETHANIEN /// MARIANNENPLATZ 2 /// 10997 BERLIN ///
0 30 / 9 02 98 14 55 /// WWW.KUNSTRAUMKREUZBERG.DE ///

EHEMALS BESETZTE KUNST
Kunstquartier Bethanien

35

Berlin ist reich an Beispielen dafür, dass alternative Lebens- und Wirtschaftsentwürfe nicht zwingend ins Leere laufen müssen. Das Künstlerhaus Bethanien am Mariannenplatz in Kreuzberg ist eins davon. Nachdem es 1970 seinen Betrieb als Krankenhaus eingestellt hatte, sollte es abgerissen werden, um Platz für Sozialbauwohnungen zu schaffen. Es folgte der »Kampf um Bethanien«. Am Ende verhinderten Hausbesetzer, Bürgerinitiativen und Denkmalschützer den Abriss des 1847 erbauten Gebäudes.

Im Haupthaus sind heute kulturelle und künstlerische Institutionen untergebracht. Neben dem *Kunstraum Kreuzberg* gehören dazu unter anderem eine Druckwerkstatt sowie eine Musikschule. Im Sommer wird im Garten das beliebte Freiluftkino Kreuzberg organisiert (jeder nimmt sich einen Liegestuhl und sucht sich seinen Platz). Außerdem gehören zum Kunstquartier: die *Plattform Darstellende Künste Bethanien* (Tanz und Theater), das Café-Restaurant *3 Schwestern* nebst einer Eisdiele (*Kleine Schwester*), Ateliers für Künstler des Landesförderprogramms sowie im Südflügel das *New Yorck* (seit 2009 sind die ehemaligen Hausbesetzer hier Mieter), das Räume für politische Gruppierungen anbietet, außerdem eine selbstverwaltete Heilpraktikerschule und einen Theaterspielraum.

Die vom Kunstraum Kreuzberg organisierten Projekte und Ausstellungen können sehr unterschiedliche Themen in den Fokus rücken, gemeinsam ist ihnen die Auseinandersetzung mit sozialen und kulturellen Gegenwartsprozessen. Klingt trocken, ist es manchmal auch, oft aber auch nicht. Dabei wird der Blick gerne über den nationalen Tellerrand hinaus gerichtet. Um die Ausstellungen möglichst lebendig zu gestalten, wird in der Regel ein beachtliches Begleitprogramm aus Diskussionen, Filmen und Künstlergesprächen geboten.

✐ Direkt am Bethanien ist übrigens auch ein großer Spielplatz. Falls Sie Kinder haben: Eine Kugel Eis bei der *Kleinen Schwester* holen und schön schaukeln!

JEDEN FREITAG UND SAMSTAG
WOCHENMARKT

MARKTHALLE

MARKTHALLE NEUN /// EISENBAHNSTRASSE 42 / 43 /// 10997 BERLIN ///
0 30 / 61 07 34 73 /// WWW.MARKTHALLENEUN.DE ///

HALLE FÜR ALLE
Markthalle Neun

36

1891 wurde die *Markthalle IX* offiziell eröffnet. Sie überlebte zwei Weltkriege, Hunger und Armut – bis in den 70ern der erste Lebensmitteldiscounter einzog und der Abstieg begann. 2009 sollte das historische Baudenkmal schließlich an einen Großinvestor verkauft werden. Doch es kam anders.

Von den ehemals 14 historischen Markthallen in Berlin stehen heute nur noch drei. Eine davon ist die »Eisenbahnmarkthalle« in Kreuzberg. Dass sie noch steht, ist drei jungen Männern zu danken, die 2009 die *Projektgruppe Markthalle IX* ins Leben riefen: Ihre Idee war, den Verkauf an den Investor zu verhindern, der bereits den Abriss des historischen Gebäudes plante sowie den Bau einer Shopping-Mall samt Tiefgarage. Stattdessen wollten sie die Bausubstanz mit neuen Ideen und Angeboten wiederbeleben. Heute ist die *Markthalle Neun* auf dem besten Weg, das zu werden, was sie einmal war: eine »Halle für alle«.

Während des Zweiten Weltkriegs wurde der ursprünglich für 300 Stände konzipierte Bau zwar im Häuserkampf heftig beschossen, blieb aber von größeren Zerstörungen verschont. Dadurch konnte er in den Jahren nach 1945 schnell zu einem zentralen Umschlagplatz für Informationen und Waren gleichermaßen werden. Ein sozialer Knotenpunkt entstand. In den 70er und 80ern zog dann gemeinsam mit Aldi, Drospa und KiK die Tristesse ein.

Heute allerdings, insbesondere freitags und samstags zum Wochenmarkt, ist wieder richtig Leben in der Bude. Da duftet und zischt es aus jeder Ecke, und die Halle ist mit Gesprächen gefüllt. Türkische Feinkost, Wein, Käse, Brot, Gemüse, Blumen … egal, was man braucht, man findet es. Jeden Donnerstag findet zudem der *Streetfood Thursday* statt, an dem sich die Markthalle in ein großes Kochfeld verwandelt. Und all das ist erst der Anfang!

🐚 Das zur Pücklerstraße gelegene Weltrestaurant Markthalle (überwiegend deutsche Küche) bietet gutes Essen zu guten Preisen in historischem Ambiente.

DAS EHEMALIGE PREMIERENLICHTSPIELHAUS DER DDR

Kino International

37

Mal ehrlich: Multiplex kann doch jeder. Ein Kino aber, in dem die ehrwürdige Atmosphäre eines Theaters oder Opernhauses herrscht – das ist selten. Das International an der Karl-Marx-Allee kann sogar noch mehr: Es ist ein mit modernster Technik ausgestattetes Kino und zugleich ein lebendes 60er-Jahre-DDR-Museum.

Die feierliche Einweihung des »Premierenlichtspielhauses der DDR« fand 1963 statt. In dem architektonischen Gesamtentwurf des neu geplanten Stadtquartiers sollte es das Herzstück bilden und blieb bis zum Mauerfall das Premierenkino im Ostteil der Stadt. Die beste Sicht hatte man übrigens in der achten Reihe, die daher für die Partei- und Staatsfunktionäre mit besonderer Beinfreiheit ausgestattet wurde.

Spur der Steine feierte hier ebenso Premiere wie *Solo Sunny* oder *Coming Out*. Letzterer war der einzige DEFA-Film mit zentral schwuler Thematik und wurde am 9. November 1989 in einer Doppelvorstellung uraufgeführt. Als das Premierenpublikum aus dem Kino kam, war am Übergang Bornholmer Straße gerade die Grenze geöffnet worden.

1990 wurde das 551 Sitze fassende International als »Zeugnis der architektonischen Moderne« in die Berliner Denkmalliste aufgenommen. Im selben Jahr diente es erstmals als Spielstätte bei den internationalen Filmfestspielen (Berlinale). Heute wird es von der Yorck GmbH betrieben, die sich offenbar darum bemüht, die Tradition zu bewahren: Es ist nach wie vor das gefragteste Premierenkino der Stadt.

Neben dem eigentlichen Kino ist in dem Gebäude auch der *Klub International* zu Hause, ein renommierter Technoclub der queeren Berliner Szene. Hier kann man sich in der Honecker-Bar zu elektronischer Musik austoben oder in der Panoramabar einen Cocktail schlürfen und durch die Glasfront zum Alexanderplatz hinüberschauen.

☞ Im *Klub International* kann man mit Getränk in der Hand von der Panoramabar im 60er-Jahre-Stil aus der verglasten Front über den Alexanderplatz blicken.

RALPH FIENNES   TILDA SWINTON

·GRAND BUDAPEST HOTEL·

15⁴⁵ 18¹⁵   BY WES ANDERSON
   20³⁰
FR SA 22⁴⁵   OMU

DOLBY STEREO -D

ODEON

ODEON KINO /// HAUPTSTRASSE 116 /// 10827 BERLIN ///
0 30 / 78 70 40 19 /// WWW.YORCK.DE ///

MANCHES ÄNDERT SICH NIE
Odeon

38

Ach ja, das gute, alte Schöneberg. Hier gehen Veränderungen vielerorts nur sehr langsam vonstatten. In der Victoria-Bar werden die Drinks seit 20 Jahren von denselben Barkeepern gemixt, im *Café M* fehlen seit Mitte der 80er dieselben Fliesen im Bodenbelag, und das Odeon ist noch immer das Liebhaber-Kino für Freunde englischsprachiger Originalfassungen.

Als ich 1988 nach damals noch Westberlin kam, genoss das Odeon bereits Kultstatus. Soweit ich mich erinnere, war es zu dieser Zeit das einzige Kino in der Stadt, das ausschließlich englischsprachige Originalfassungen zeigte. Dieser Umstand führte dazu, dass es häufig von GIs besucht wurde, die bis 1994 selbstverständlich zu Berlin gehörten und vorwiegend im nahen Steglitz / Zehlendorf stationiert waren. Schon damals gab es an der Kinokasse salziges Popcorn und Brownies zu kaufen. Man steckte also in dieser Stadt, eingeschlossen in einem Land, das zum Ostblock gehörte, stand mit Soldaten in Uniform um Karten an und bekam Brownies an der Kasse. Hatte was.

Inzwischen sind die GIs lange aus dem Stadtbild verschwunden, das Odeon aber ist geblieben: dieselbe Neonschrift über dem Eingang, das gleiche Popcorn, dieselben roten Samtsessel. Ein Kino, ein Saal, ein Film. Vorstellungen um 17 und um 20.30 Uhr.

Hinter den vergilbten Deckenplatten allerdings hat sich einiges getan: Das Kino ist technisch auf dem neuesten Stand, guter Klang und gutes Bild sind garantiert. Auch neigt man dazu, seine Größe zu unterschätzen. Steht man auf dem Vorplatz, wirkt das Odeon gedrungen und duckt sich zwischen die benachbarten Hochhäuser. Ist man erst einmal drin, wird man angenehm überrascht: Der Saal ist für 360 Personen ausgelegt. So viele allerdings kommen nur selten, weshalb man in der Regel einen guten Sitzplatz bekommt.

✍ Das Odeon gehört zur Yorck-Kinogruppe. Die wiederum bespielt mehrere Kinos mit ähnlich guten Filmen. Ein Blick ins Yorck-Programm lohnt sich!

ICH WILLK

ZOO PALAST /// HARDENBERGSTRASSE 29 A /// 10623 BERLIN ///
WWW.ZOOPALAST-BERLIN.DE ///

MUSEUM FÜR FOTOGRAFIE /// JEBENSSTRASSE 2 /// 10623 BERLIN ///
0 30 / 2 66 42 42 42 /// WWW.SMB.MUSEUM/MUSEEN-UND-
EINRICHTUNGEN/MUSEUM-FUER-FOTOGRAFIE ///

RENAISSANCE EINES KINOS
Zoo Palast

(39)

Noch vor wenigen Jahren hätte keiner gedacht, dass nach Aufstieg und Niedergang des ehemals berühmtesten Berliner Kinos der *Zoo Palast* noch einmal eine Renaissance erleben würde. Hat er aber. Und was für eine.

Was hat dieses Kino nicht alles erlebt. In den goldenen 20ern war es eines der glamourösesten Lichtspielhäuser der Welt, Klassiker wie *Metropolis* und *M* feierten hier Premiere, im Zweiten Weltkrieg wurde es zerstört, später abgerissen und neu gebaut. 1957 als Vorzeigekino Westberlins wiedereröffnet, blieb es 43 Jahre lang Austragungsort der Berlinale – bis auch die an den Potsdamer Platz umzog. Fortan führte der *Zoo Palast* wie die gesamte City West ein Schattendasein.

Doch damit ist jetzt Schluss. Pünktlich 100 Jahre nach Eröffnung des ersten großen Lichtspieltheaters an dieser Stelle wurde der *Zoo Palast* 2013 wiedereröffnet. Drei Jahre hat der Umbau in Anspruch genommen. Optisch präsentiert sich der große Saal jetzt im Retro-Look – eine Reminiszenz an die Wiederaufbauzeit des Gebäudes in den 50ern –, technisch bewegt man sich auf neuestem und höchstem Niveau.

Der Saal weiß zu beeindrucken. Von außen sieht man es dem Kino nicht an, doch es hat den größten Kinosaal der Stadt. Die neuen Sessel lehnen sich mit den Besuchern nach hinten und bieten maximalen Komfort. Das Beste an den Sesseln aber ist, dass es nicht mehr so viele sind wie zuvor. Statt 1.070 gibt es »nur noch« 800. Was die Beinfreiheit angeht, bedeutet das Businessclass statt Economy. Die Leinwand ist verdammt groß und der 360°-3D-Sound echt fett. Um das Kinoevent perfekt zu machen, bekommt man außerdem eine Lichtshow und einen illuminierten Wasserfall geboten. Filmpuristen werden da die Hände über dem Kopf zusammenschlagen, aber – ganz ehrlich – war *Metropolis* nicht auch ein Riesenspektakel? Etwas, das den Zuschauer staunen machen sollte? Na bitte.

✍ Falls Sie noch nicht genug Impressionen gesammelt haben sollten: Das *Museum für Fotografie* ist vom *Zoo Palast* nur fünf Minuten zu Fuß entfernt.

FREILUFTKINO FRIEDRICHSHAIN /// IM VOLKSPARK FRIEDRICHSHAIN,
EINGANG LANDSBERGER ALLEE /// 10249 BERLIN ///
WWW.FREILUFTKINO-BERLIN.DE ///

POPCORN, FRISCHE LUFT, FILM AB
Freiluftkino Friedrichshain

40

Die Beliebtheit der Open-Air-Kinos in Berlin ist allzu verständlich. Was kann es Angenehmeres geben, als einen langen Arbeitstag in einem Liegestuhl unter freiem Himmel bei einem guten Film ausklingen zu lassen, oder, umgekehrt, einen langen Abend entspannt mit einem Film im Freien zu beginnen?

An die 20 Open-Air-Kinos verteilen sich über die Stadt. Das *Freiluftkino Friedrichshain*, im gleichnamigen Volkspark gelegen, ist die Queen unter ihnen. Es ist das größte seiner Art, und hier passt einfach alles. Zunächst fällt die großzügige Gesamtanlage ins Auge. Auf dem sanft ansteigenden Hügel gegenüber der Projektionswand sind, einem Amphitheater ähnlich, Steinterrassen angelegt. Der Abstand zwischen den in Reihen angeordneten Holzbänken (mit Rückenlehnen!) bietet auch für lange Beine ausreichend Platz. Die Stimmung ist friedlich bis ausgelassen, und da das Kino wirklich im Park liegt, hat man das Gefühl, sehr weit weg von allem zu sein.

Im Halbrund direkt vor der großzügigen Leinwand ist Platz für bis zu 300 Stühle, insgesamt gibt es 1.500 Sitzplätze. Wer es sich ganz gemütlich machen will, legt sich auf eine der angrenzenden Rasenflächen. Ein Ticket kostet weniger als 10 Euro, und auch die Speisen und Getränke sind erschwinglich. Über das Programm informiert die Website www.freiluftkino-berlin.de. Wer frühzeitig weiß, wann er welchen Film sehen möchte, kann sich an jeder Kartenvorverkaufsstelle in Berlin Tickets für den jeweiligen Abend besorgen. Besonders beliebt ist übrigens die *Berliner Kurzfilmrolle* Anfang Juni. An diesem Abend werden in Anwesenheit von Regisseuren und Darstellern Kurzfilme gezeigt, anschließend kürt »die beste Jury der Welt«, das Publikum nämlich, den beliebtesten Kurzfilm.

Bleibt mir nur, Ihnen gute Unterhaltung zu wünschen.

✍ Vor der Vorstellung noch schnell zum Märchenbrunnen! Oder doch etwas weniger schnell. Lädt ja zum Verweilen ein. Ist aber trotzdem um die Ecke.

PHILHARMONIE /// **HERBERT-VON-KARAJAN-STRASSE 1** ///
10785 BERLIN /// **0 30 / 25 48 89 99** ///
WWW.BERLINER-PHILHARMONIKER.DE ///

EIN ZELT VON WELTRUF
Philharmonie und Kammermusiksaal

41

Die Berliner Philharmonie genießt, wie man so sagt, Weltruf. Das Konzept der Philharmonie, das Podium inmitten der Publikumsränge zu platzieren und so aus dem Konzertsaal eine Arena zu machen, war in den 50ern bahnbrechend neu und ist später vielfach aufgegriffen worden. Die Akustik ist herausragend, das Orchester eines der besten der Welt. Wenn es von seinem derzeitigen Leiter Sir Simon Rattle dirigiert wird, sitzt man, egal wo, in der ersten Reihe.

Nachdem die alte 1944 durch einen Luftangriff zerstört worden war, wurde lange über den Standort einer neuen Philharmonie diskutiert – bis man am 16. September 1960 der Grundstein dort legte, wo sie heute steht. Noch während die Bauarbeiten andauerten (Richtfest war am 1. Dezember 1961) wurde jedoch nur einen Steinwurf entfernt die Mauer gebaut. Und so ragte das zeltartige Gebäude nach der Fertigstellung jahrzehntelang wie ein zufällig gelandeter Satellit aus der nahezu unbebauten Umgebung auf: Der Potsdamer Platz war während der Teilung der Stadt ein verwaister Ort. Erst der Fall der Mauer hat den Bau dann wieder ganz ins neue Zentrum Berlins gerückt.

Der zur Philharmonie gehörige »kleine Bruder«, der Kammermusiksaal, ist rund ein Vierteljahrhundert jünger als diese und verschwindet zu Unrecht im Schatten seiner großen Schwester. Vielfach wurde bemängelt, er sei mit seinen 1.136 Sitzplätzen überdimensioniert. Als Beleg dafür wird angeführt, dass er oft nicht ausverkauft ist. (Gut für Sie: Hier sind oft kurzfristig noch Karten zu bekommen.) Ich mag mich dieser Kritik nicht anschließen, denn aufgrund seiner guten Akustik und den steil aufsteigenden Rängen ist man trotz vieler Zuhörer immer nah am Geschehen und erlebt hier sehr intime Konzerte. Und das ist dann ganz großes, kleines Kino.

Falls Sie sich vorab einen Eindruck von den Räumlichkeiten der Philharmonie verschaffen wollen, können Sie online alles aus Sicht des Dirigenten sehen: wh.begehungen.de/phil/rundgang_v2/

OLYMPIASTADION /// OLYMPISCHER PLATZ 3 /// 14053 BERLIN ///
O 30 / 25 00 23 22 /// WWW.OLYMPIASTADION-BERLIN.DE ///

VON GRÖSSENWAHN UND GROSSEN ABENDEN
Olympiastadion

42

Der zentrale Austragungsort für die Olympischen Spiele 1936 entsprang – wenig verwunderlich – Hitlers Größenwahn. Das Stadion des künftigen Reichssportfeldes sollte vom Herrschaftsanspruch der Nationalsozialisten künden und konnte gar nicht groß genug gedacht werden.

Hitler beauftragte den Architekten Werner March 1933 mit dem Bau der größten Wettkampfstätte der Welt. Das Ergebnis war das »Reichssportfeld«, das neben dem 100.000 Menschen fassenden Stadion weitere Stadien für Schwimmen und Eishockey vorsah, außerdem einen riesigen Aufmarschplatz und vieles mehr. Drei Jahre später wurde die gesamte Anlage fertiggestellt, und die zentrale Arena erhielt offiziell den Namen »Olympiastadion«.

Trotz der nationalsozialistischen Last, die man noch heute zu spüren meint, entschied man sich nach dem Krieg gegen einen Abriss. Es gab einfach keine vergleichbare Sportanlage, und Geld war auch keins da. Stattdessen ließ man es 2000–2004 restaurieren und zur Multifunktionsarena umbauen. Heute sind die Berliner froh darüber und stolz auf ihr Stadion, in dem seit 1985 jedes Jahr das DFB-Pokalfinale stattfindet.

Wenn Sie über den ansteigenden Vorplatz darauf zugehen, sehen Sie es bereits von Ferne auf dem höchsten Punkt thronen. Alles im Umkreis von mehreren Hundert Metern ist auf dieses steinerne Oval ausgerichtet. Schließlich stehen Sie davor und sind seltsam beeindruckt vom Ausmaß und den Proportionen des Gebäudes, das schwer und – durch den umlaufenden Wandelgang – zugleich leicht wirkt. Das Beste aber kommt noch: Wenn Sie hineingehen, stellen Sie fest, dass Sie das Stadion auf halber Höhe betreten und sich dessen wahre Größe erst im Inneren offenbart! Jetzt noch 80.000 Menschen, ein U2-Konzert oder von mir aus auch Mario Barth oder Bayern gegen Dortmund, und Sie haben alle Zutaten für ein unvergessliches Spektakel.

✎ Auf einer offiziellen Besichtigungstour können Sie sich Räume erschließen, die Ihnen sonst verborgen bleiben. Eine Führungs-App gibt's auch, die Olympiastadion Berlin App.

WALDBÜHNE /// GLOCKENTURMSTRASSE 1 /// 14053 BERLIN ///
0 30 / 74 73 75 00 /// WWW.WALDBUEHNE-BERLIN.DE ///

EINE DER SCHÖNSTEN FREILICHTBÜHNEN EUROPAS

Waldbühne

43

Viele internationale Stars haben hier gastiert, die großen und die ganz großen. Die Stones, Bob Marley, Prince, Phil Collins, Eric Clapton, Depeche Mode, Neil Young … Und das aus gutem Grund: Die Waldbühne ist eines der schönsten und zugleich größten Amphitheater Deutschlands.

Wie man ahnt, entstand die Waldbühne als Teil des Reichssportfeldes anlässlich der Olympischen Spiele 1936. Ursprünglich war sie nach Dietrich Eckart benannt, einem Freund Hitlers. Sie liegt am westlichen Rand der Olympischen Anlage und nutzt das Gefälle der dortigen Murellenschlucht, was wesentlich zur außergewöhnlichen Atmosphäre des Ortes beiträgt: Es kommt einem nicht nur so vor, als befinde man sich in einer waldigen Schlucht. Es stimmt.

Während der Olympischen Spiele wurden in dem Amphitheater Turnwettbewerbe ausgetragen, nach dem Krieg – inzwischen war es in »Waldbühne« umbenannt worden – wurde es unter anderem für Filmvorführungen und Boxkämpfe genutzt. Wenn man weiß, dass 22.290 Zuschauer Platz finden, kann man sich leicht ausmalen, wie aufgeheizt die Stimmung gewesen sein muss, als Max Schmeling hier 1948 unter freiem Himmel seinen berühmt gewordenen letzten Kampf focht (er verlor nach Punkten). 1982 überspannte man die Bühne mit einer Zeltdachkonstruktion, die zum festen Bestandteil des Gesamtkunstwerks geworden ist.

Seit den 60ern finden hier vor allem Konzerte statt. Die Akustik ist außergewöhnlich. Selbst auf den oberen Rängen entgeht einem wenig – ein Umstand, der ebenfalls dazu beiträgt, dass bei mitreißenden Konzerten tatsächlich alle 22.000 Menschen auf den Rängen stehen und mitsingen. Sollten Sie also die Chance haben, hier ein Konzert mitzuerleben, nutzen Sie sie – auch Opern werden aufgeführt und Klassik-Konzerte gegeben. Die Chancen stehen gut, dass es ein Abend wird, den Sie noch lange in Erinnerung behalten werden.

Wenn Sie schon mal hier draußen sind – es bietet sich ja vielleicht an, das Konzert in der Waldbühne mit einem Besuch im Olympiastadion zu kombinieren.

CLÄRCHENS BALLHAUS /// AUGUSTSTRASSE 24 /// 10117 BERLIN ///
0 30 / 2 82 92 95 /// WWW.BALLHAUS.DE ///

SCHWOFEN BIS ZUM UMFALLEN
Clärchens Ballhaus

44

Es lässt sich kaum denken, was geschehen wird, sollte Clärchens Ballhaus einmal an einen Investor verscherbelt werden, der aus dem liebevoll heruntergekommenen Altbau in bester Lage Luxus-Appartements macht. Möglicherweise würde Staatstrauer angeordnet werden. Wird aber nicht passieren, ist einfach undenkbar. Nicht, solange Günter Schmidtke an der Garderobe steht.

Seit einem halben Jahrhundert nimmt der Garderobier im »Clärchen« den Herrschaften abends die Jacken und Mäntel ab. Das Ballhaus selbst existiert bereits doppelt so lange. Inzwischen ist Schmidtke jenseits der 80, hat aber bekannt gegeben, sich nicht vor seinem 100. Geburtstag zur Ruhe setzen zu wollen. Ein Glück. Eröffnet wurde das Ballhaus von Fritz Bühler und dessen Frau Clara. Das Plakat, das noch heute zur Werbung verwendet wird, stammt von Otto Dix.

Bis in die 1940er-Jahre teilte sich im Clärchen die Gesellschaft: im großen Saal das gemeine Volk, im Prunk des Spiegelsaals die vornehme Gesellschaft. Der Spiegelsaal ist in all seiner ehemaligen Pracht erhalten, allerdings sind die Zeiten der vornehmen Gesellschaft vorbei. Wird ja gerne geschrieben – dass sich irgendwo Menschen aller gesellschaftlicher Schichten und jeden Alters treffen. Oft stimmt es nicht. Für das Clärchen allerdings trifft es zu. Reingelassen wird erst einmal jeder, der sich nicht danebenbenimmt. Und tatsächlich sieht man auf der Tanzfläche Twens neben Menschen tanzen, die ihre Großeltern sein könnten und es vielleicht sogar sind.

Das Programm wechselt: montags Salsa, dienstags Tango, mittwochs Swing und donnerstags Chachacha. Auch Tanzkurse werden angeboten. An den übrigen Tagen wird viel Live-Musik gemacht, von Swing über Klezmer bis Jazz. Sonntags findet der Tanztee statt. Und wem das alles nichts ist: Einen charmanten Biergarten gibt es außerdem. Nix wie hin, da müssnse rin!

🖝 Wer nicht genug hat, dem sei Marion Kiesows *Berlin tanzt in Clärchens Ballhaus. 100 Jahre Vergnügen – eine Kulturgeschichte* empfohlen (Nicolai Verlag).

ROTER SALON /// ROSA-LUXEMBURG-PLATZ /// 10178 BERLIN ///
WWW.VOLKSBUEHNE-BERLIN.DE ///

GRÜNER SALON /// ROSA-LUXEMBURG-PLATZ /// 10178 BERLIN ///
WWW.GRUENER-SALON.DE ///

DIE SCHÖNSTEN LESEBÜHNEN DER STADT

Roter Salon, Grüner Salon

45

»Arbeitergroschen« waren es, Spenden der Vereinsmitglieder *Freie Volksbühne*, die kurz vor dem Ersten Weltkrieg den Bau des ersten »modernen« Theaters in Berlin ermöglichten. 2.000 Zuschauer fasste das Theater am Rosa-Luxemburg-Platz, der damals noch Bülowplatz hieß.

Von Beginn an verbanden sich große Namen mit der Volksbühne. Hier wurde und wird Theatergeschichte geschrieben. Während des Ersten Weltkriegs war Max Reinhardt Intendant, ein Jahrzehnt später begründete Erwin Piscator hier das politische Theater. 1989 unterstützten zahlreiche Schauspieler und Schüler des Hauses aktiv die Massenproteste in der DDR. Seit 1992 sorgt Intendant Frank Castorf dafür, dass der Pulsschlag nicht erlahmt.

Geht man von der Memhardstraße kommend darauf zu, wirkt der Bau seltsam unstimmig. Das erklärt sich unter anderem dadurch, dass beim Wiederaufbau des im Krieg zerstörten Gebäudes die Hauptfront mit den Muschelkalksäulen ihre geschwungene Form behielt, das Dach jedoch begradigt wurde. Auch die seitlichen Anbauten, in denen sich heute der Rote und der Grüne Salon befinden, kamen erst nach dem Krieg hinzu – womit wir bei zwei meiner absoluten Lieblingsorte in dieser Stadt wären.

Ursprünglich als zusätzliche Erfrischungsräume für die Theaterbesucher gedacht, werden die Salons heute als eigenständige Veranstaltungsräume genutzt und bieten ein abwechslungsreiches Programm. Mit dunklem Parkett, Polstersesseln, Samtvorhängen und natürlich ihren Lüstern gehören sie zu den stimmungsvollsten Orten der Stadt. Das Publikum ist gemischt – je nach Veranstaltung. Es finden Konzerte, Tanzkurse, private und öffentliche Partys statt. Auch als Lesebühnen sind die Salons begehrt. Wechselnde Clubreihen bieten unter der Woche tanzbare Musik von Drum'n'Bass bis Britpop. Bezahlbar ist es übrigens auch. Ein Bier gibt es ab 2,50 Euro, Longdrinks ab 5,50 Euro.

☞ Wie wäre es davor mit einer Vorstellung in der Volksbühne? Die dazugehörige Kantine ist übrigens ein Geheimtipp. Den Eingang finden Sie an der Linienstraße.

**HEIMATHAFEN NEUKÖLLN /// KARL-MARX-STRASSE 141 ///
12043 BERLIN /// 0 30 / 56 82 13 33 ///
WWW.HEIMATHAFEN-NEUKÖLLN.DE ///**

VOLKSTHEATER OLÉ
Heimathafen Neukölln

46

Auf einen Abend im Heimathafen freue ich mich immer besonders. Er ist das kulturelle Herz Neuköllns. Die sich als Volkstheater begreifende Institution bringt so ziemlich alles auf die Bühne. Auch Hochzeiten von Freunden habe ich hier schon gefeiert. Seit 2007 zeigt das Theater, was den Bezirk prägt: Stil, Genre und Kulturen Übergreifendes.

Bereits im Berlin der goldenen 20er war der »Saalbau Neukölln« einer der beliebtesten Vergnügungsorte der Stadt. Auch als Varieté-Theater wurde es genutzt und als Austragungsort für Boxkämpfe. Damit hätte 1876, als der Grundstein für *Niesigks Salon* gelegt wurde, sicher noch niemand gerechnet. Er war lediglich ein Dorfgasthof mit Pferdewechselstation, der Ort lag damals vor den Toren der Stadt. Um die Jahrhundertwende jedoch entwickelte sich die Straße zur Vergnügungsmeile, und so kamen die anderen Räume und schließlich der eigentümlich barock anmutende Saal mit der Empore hinzu.

Nach dem Bau der Mauer widerfuhr dem Saal dasselbe Schicksal wie so vielen anderen Gebäuden, die plötzlich am Stadtrand lagen: Er verschwand von der Bildfläche. 1968 stellte er seinen Betrieb ein, Ende der 80er sollte er gar abgerissen werden.

Heute bietet der Heimathafen neben Drama auch Lesungen, moderne Formate wie das Songwriterwohnzimmer *TV Noir*, Konzerte aller Art, sowie den Neuköllner Dichterwettbewerb Saalslam. Die Bühne möchte das legere Lebensgefühl des ehemaligen Arbeiterbezirks wiedergeben, Populäres mit einer Prise Anarchie mischen, die Vergangenheit an die Gegenwart knüpfen. Alt-Berliner Stücke werden hier ebenso aufgeführt wie eigene Produktionen. Sie setzen sich mit Themen auseinander, die im multikulturellen Neukölln nicht abstrakt sind, sondern höchst real: Heimat, Prekariat, Migration und Gentrifizierung, um nur einige zu nennen. Das Ergebnis ist eine publikumsnahe Formenvielfalt.

✐ Rixdorf ist übrigens einen Spaziergang wert. Der Richardkiez, der sich rund um den Richardplatz erstreckt, lädt zum Flanieren vor dem Theaterbesuch ein!

MAXIM GORKI THEATER /// **AM FESTUNGSGRABEN 2** /// **10117 BERLIN** ///
0 30 / 20 22 10 /// **WWW.GORKI.DE** ///

DAS KLEINSTE STAATSTHEATER DER STADT
Maxim Gorki Theater

47

Mit 440 Sitzplätzen ist das nur wenige Schritte vom Boulevard *Unter den Linden* gelegene Gorki Theater das kleinste aber vielleicht auch schönste Berliner Staatstheater – und seit 2013 eine neue Intendanz die künstlerische Leitung übernommen hat, zudem eines der vielversprechendsten.

Wer vielleicht schon einmal in Berlin war und ein Gefühl für die prägenden Architekten dieser Stadt entwickelt hat, wird beim Anblick des Gorki Theaters womöglich sagen: »Sieht aus, als wär's von Schinkel.« Und so ist es auch. Allerdings hatte Schinkel den 1827 fertiggestellten Bau ursprünglich nicht als Theater geplant, sondern als Konzertsaal für die *Singakademie zu Berlin.* Erst 1952 wurde daraus das Gorki Theater. Der Name war Programm: Das Theater sollte ein Ort »zur Pflege russischer und sowjetischer Theaterkunst« sein. Ein Konzept, das Ende der 50er nach und nach aufgegeben wurde.

Insbesondere in den Jahren vor dem Mauerfall entwickelte sich das Gorki Theater zunehmend zu einem Ort mit Öffentlichkeitsfunktion. Als Markstein gilt noch heute die Erstaufführung von Volker Brauns *Übergangsgesellschaft* 1988, in dem das Ende der DDR-Diktatur praktisch prophezeit wurde.

Seit der Spielzeit 13/14 gibt es mit Shermin Langhoff und Jens Hillje erstmals ein Intendanten-Duo am Theater. Die Erwartungen an die neue künstlerische Leitung sind ebenso groß wie die Neugier. Die Geschichte des Gorki als einem Ort, an dem gesellschaftlich relevante Themen diskutiert werden, soll fortgeschrieben werden. Man möchte sich öffnen und so vielfältig sein, wie »die Biografien der Menschen, die in dieser Stadt leben«. Das ist hoch gezielt und klingt nach Politiker-Worthülse, doch die vergangene Spielzeit hat gezeigt: neue Ideen, ein hungriges Ensemble, die Auseinandersetzung mit der Gegenwart – so wird ein Schuh draus.

Wenn Sie am Alexanderplatz aussteigen, können Sie noch einen Blick auf den Neptunbrunnen erhaschen. Und auf Karl Marx. Und auf die Museumsinsel.

IL CASOLARE /// GRIMMSTRASSE 30 /// 10967 BERLIN ///
0 30 / 69 50 66 10 ///

TRUBEL UND PIZZA? BITTE SEHR
Il Casolare

48

Nein, das ist nicht Berlins beste Pizza, wie mancher behauptet. Schließlich gibt es noch das *Zwölf Apostel*, das *Papa Pane* und einige andere mehr. Aber sie ist lecker und bezahlbar. Und unter dem Strich zählt wie so oft: Der Ort macht's.

Die rot-weiß karierten Tischtücher und die ungebrochene Hektik eifern ein bisschen zu sehr dem Klischee nach. Nicht klischeehaft, sondern wirklich authentisch ist das scharfe Öl, das – halleluja, mal nicht dem Durchschnittsgaumen angepasst – wirklich scharf ist. Die Bedienung allerdings gilt als schroff bis unfreundlich und scheint kein Problem mit diesem Image zu haben, der Wein ist mittelmäßig, die Karte gibt es auf Italienisch und Deutsch, was manchen Berliner freut, manchen Australier weniger. Wer nur Englisch spricht, dem wird es hier nicht einfach gemacht. An schönen Abenden ist das Casolare, das zumindest im Außenbereich ungezwungene Biergartenatmosphäre verströmt, gerammelt voll, weswegen man trotz Tischreservierung (ohne ist es vor allem am Wochenende hoffnungslos) schon einmal eine halbe Stunde und länger auf seine Pizza warten kann.

Einen netten Abend aber wird man hier ziemlich sicher dennoch verbringen. Überbrücken Sie einfach die Zeit, bis die Pizza kommt, indem Sie das erste Bier trinken und im abendlichen Trubel aufgehen. Da, wo das Casolare aufhört, fängt die Admiralbrücke an (die als größte inoffizielle Freilichtkunstbühne vor Lebendigkeit nur so strotzt), auf der gegenüberliegenden Seite des kleinen Platzes befindet sich das Maroni, jenseits der Straße schlängelt sich der Landwehrkanal. All das zusammengenommen ergibt eine Piazza, wie man sie in Italien auch nicht belebter findet. Ein Ort, an dem Leben stattfindet. Und wenn dann die Pizza endlich vor Ihnen steht, schmeckt sie umso besser.

✍ Eine Prognose trifft für das Casolare immer zu: Es wird garantiert voll. Reservieren Sie also am besten einen Tisch, bevor Sie in den Tag starten.

LES VALSEUSES /// EBERSWALDER STRASSE 28 /// 10437 BERLIN ///
0 30 / 75 52 20 32 ///

WALZERTÄNZERINNEN UND STEAK FRITES
Les Valseuses

49

Hätte ich so etwas wie ein Stammrestaurant, wäre es das *Les Valseuses*. Wann immer wir in unserer Buchhandlung eine Abendveranstaltung haben, laden wir unseren Gast anschließend dorthin ein. Und wie das so ist bei Restaurants, die so etwas wie das Stammrestaurant sein könnten, vorausgesetzt man hätte so etwas, bestelle ich zu diesen Gelegenheiten immer das Gleiche, egal was die Tageskarte sonst noch zu bieten hat: *Steak frites* in Schwarzbiersauce.

Inzwischen ist die Reihe interessanter bis illustrer Abende, die wir hier mit unseren Gästen verbracht haben, so lang, dass sich das Wort Ritual aufdrängt. Und dieser Umstand trägt natürlich zu den positiven Gefühlen bei, die sich bei der Aussicht auf einen Abend bei den »Walzertänzerinnen« einstellen. Der Name *Les Valseuses* geht übrigens auf den gleichnamigen Film mit Gérard Depardieu von 1974 zurück.

Mehr als 30 Personen werden in dem kleinen Restaurant kaum Platz finden. Eine Reservierung ist unbedingt empfohlen. Sobald man hereinkommt, riecht, gurgelt, zischt und schmort es aus der offenen Küche. Der hintere Teil bietet die Möglichkeit, mit bis zu 20 Personen wie an einer großen Tafel zu sitzen. Sehr gemütlich. Das Wort unprätentiös kommt mir in den Sinn. Das typisch französische Essen ist schmackhaft und die Karte überschaubar. Kein Chichi, dafür reelle Portionen zu angemessenen Preisen. Mein *Steak frites* mit kleinem Salat zum Beispiel kostet knapp 15 Euro, danach bin ich genau so satt und gut gelaunt, wie es sein soll, damit noch eine Crème Brûlée Platz findet.

Am Ende ist es die Stimmung, die den Laden ausmacht. Man fühlt sich willkommen, ich bin noch nie unfreundlich bedient worden. Und wenn der Abend sich so gestaltet, dass man ihn nicht beenden möchte: Schnell ist die nächste Flasche Wein auf dem Tisch. J'aime ça.

✍ Die nächstgelegene Haltestelle ist die Eberswalder Straße (U2). Das Bistro hat übrigens jeden Abend von 18.30–23 Uhr geöffnet. Bon appétit!

KATZ ORANGE /// BERGSTRASSE 22 /// 10115 BERLIN ///
0 30 / 9 83 20 84 30 /// WWW.KATZORANGE.COM ///

DAS ENDE DER KULINARISCHEN ÖDNIS

Katz Orange

50

Lange Zeit galt Feinschmeckern Berlin als kulinarisches Ödland. Nicht ganz zu unrecht, wie man einräumen muss. In den vergangenen Jahren allerdings haben immer mehr neue, ambitionierte Restaurants eröffnet. Man kommt kaum hinterher. Und ein Ende scheint nicht in Sicht.

Wer hätte das vor 20 Jahren gedacht? Berlin hat sich zu einer Topadresse für gehobene Gastronomie entwickelt! Will man ein Restaurant herausgreifen, kommt man nicht umhin, wenigstens einige der anderen sehr guten Adressen zu nennen. Also: *Tim Raue, Lorenz Adlon, Fischers Fritz, Reinstoff, Rutz, Vau* sowie den *Pauly Saal*.

Als persönliche Empfehlung habe ich das *Katz Orange* in Mitte ausgewählt. 2012 eröffnet, hat es sich innerhalb kürzester Zeit einen exzellenten Ruf erworben. Und das zu recht. Geboten wird internationale Küche aus saisonalen und regionalen Produkten. Nachhaltigkeit ist Bestandteil des Konzepts. Bio-Gourmet-Küche sozusagen. Fleisch- und Nicht-Fleischesser kommen gleichermaßen auf ihre Kosten. Ein besonderer Genuss sind die Slow-Cuisine-Gerichte, die 12 Stunden auf niedriger Temperatur gegart und im eigenen Schmorfond und mit Zitronen-Knoblauch-Joghurt serviert werden.

Die Atmosphäre ist ebenfalls speziell. Im Hof einer ehemaligen Brauerei gelegen, ergibt sich eine angenehme Mischung aus drinnen und draußen, zudem gelingt der Spagat zwischen Architektur und Design auf der einen und Berliner Lässigkeit auf der anderen Seite. Das ideale Restaurant für den besonderen Anlass.

Wer nach dem Essen noch nicht genug hat, kann an eine der beiden Bars umziehen. So mancher Abend, der im Restaurant als Geschäftsessen beginnt, entwickelt sich hier zu einer ausgelassenen Runde. Auch die Drinks sind – Sie ahnen es – vom Feinsten.

✍ Es kann schon mal voll werden. Sie können auf die klassische Art – telefonisch – einen Tisch reservieren, oder online im Reservierungskalender.

Ø /// MEHRINGDAMM 80 /// 10965 BERLIN /// 0 30 / 77 32 62 13 ///
WWW.OEBERLIN.DE ///

GUT ESSEN?

Ø

51

Seit 2012 wird in den Räumen des ehemaligen Kaiserstein am Mehringdamm ein neues Restaurant betrieben – das Ø. In einem Kiez, der vielerorts kulinarisch nur noch »schnell und billig« bietet, stellt es mit seinem selbst formulierten Anspruch gehobener Küche eine Bereicherung dar.

Okay, die Einrichtung zuerst. Originell und vielleicht etwas überambitioniert: Eine Metalldecke aus dem Café Moskau, die Lampen aus dem Bauministerium der DDR, dazu präparierte Tierköpfe und Stühle aus – was – einer Kantine? Offenbar war hier ein manischer Inneneinrichter am Werk. Schön muss man das nicht finden, auf jeden Fall aber hat sich jemand Mühe gegeben.

Es gibt einen überraschend lauschigen Biergarten, in dem man etwas erhöht sitzt und auf den Mehringdamm blickt, eine großzügige Bar mit freundlichen Kellnern und eben das Restaurant. Vom Frühstück bis zum Absacker wird hier alles geboten. Das klingt nach kulinarischem Tante-Emma-Laden, ist es aber nicht. Wer möchte, kann hier vom Nachmittag in den Abend hineinsegeln und noch die halbe Nacht dranhängen.

Beim Essen muss man sagen: Da ist noch Luft nach oben. Insbesondere wenn man bedenkt, dass man sich gerne als Gourmetrestaurant inszeniert. Aber es ist gut. Auf der Karte finden sich Steaks und »Børger«, die sich sehen lassen können, Hühner- und Gurkensuppe, hausgemachte Tagliatelle oder auch ein Saiblingfilet. Man legt Wert auf gute, regionale Zutaten. Das ist zumindest schmackhaft und rechtfertigt den Preis von 24,50 Euro für ein 250-Gramm-Entrecôte mit Pommes (ebenfalls hausgemacht) und Salat. Gleiches gilt für die Desserts: lecker, aber immer auf der sicheren Seite. Das ist nicht experimentell oder mutig, aber manchmal möchte man eben auch einfach nur gut essen.

✍ Unter der Woche hat das Ø, die »Insel in Kreuzberg«, ab 11.30 Uhr, am Wochenende und an Feiertagen ab 9 Uhr geöffnet, und immer bis 1 Uhr morgens.

NENI BERLIN /// BUDAPESTER STRASSE 40 /// 10787 BERLIN ///
0 30 / 1 20 22 12 00 /// WWW.25HOURS-HOTELS.COM/DE/BIKINI/
RESTAURANT/NENI-BERLIN.HTML ///

CITY WEST MEETS LONDON

Neni

52

Sie fühlen sich hip, jung und erfolgreich? Oder wären gerne jung, hip und erfolgreich? Okay, vergessen Sie das jung. Hip und erfolgreich? Nur erfolgreich? Wie auch immer: Das Neni ist Ihr Ort.

Gemeinsam mit der *Monkey Bar,* dem Bikini-Haus, dem *25 hours hotel* sowie dem Zoo-Palast gehört das Neni zu den neuen Attraktionen rund um den Breitscheidplatz und ist zum kulinarischen Aushängeschild der seit Jahren behaupteten *upcoming City West* geworden. Schluss mit Buletten, Bratkartoffeln und Spiegelei, scheintoten Kellnern und lustlos gezapftem Bier. Das Neni will international sein, transparent und stylish, mit starkem Seitenblick auf London.

Die Besonderheit des Restaurants erschließt sich, sobald man aus dem Fahrstuhl steigt: zehnter Stock, zu drei Seiten vollverglast, offene Küche, moderne Raumgestaltung. Der Blick über Berlin ist von der Art, dass man gar nicht weiß, ob man lieber auf der Zoo- oder auf der Stadtseite sitzen möchte. Zum Glück gibt es für die Zigarette zwischendurch eine Terrasse, die um das Restaurant herumführt und einen insbesondere bei Sonnenuntergang mit weltstädtischen Impressionen verwöhnt.

Bevor die Beschreibung gar zu pastellig gerät, sollte ich an dieser Stelle erwähnen, dass man semi-bequem auf zum Teil eigenwillig geformten Möbeln sitzt, die Weinkarte arg überschaubar gehalten ist und dass die ohnehin laute Geräuschkulisse noch von der Musik übertönt wird. Dennoch: Die Küche mit ihren persisch-arabisch-spanisch-deutschen-Anleihen bewegt sich tatsächlich auf der Höhe der Zeit, und die Preise halten sich im Rahmen. Und sollte die Gruppe am Nachbartisch stärker damit beschäftigt sein, sich selbst zu fotografieren als sich dem Essen zuzuwenden – was soll's. Genießen Sie einfach die Aussicht.

✍ Oft ist auf Tage im Voraus kein Tisch mehr zu bekommen. Planen Sie in den kommenden Wochen einen Kurztrip, reservieren Sie am besten jetzt.

CRÊPLALA /// KANTSTRASSE 85 A /// 10627 BERLIN ///
01 57 / 87 00 85 85 /// WWW.CREPLALA.DE ///

KLEINE KÖSTLICHKEITEN IN DER KANTSTRASSE

Crêplala

53

Als ich 1988 nach Berlin kam, war die Kantstraße eine vernachlässigte Einkaufsmeile, in der sich ein Im- und Export-Geschäft an das nächste reihte. Nach der Wende wurde es kaum besser. Heute stehen hier Asia-Imbissbuden neben Nagelstudios. Der Leerstand ist groß. Da freut man sich über jeden, der Initiative ergreift.

Das *Stilwerk* hätte den Umschwung bringen sollen. Nach seiner Eröffnung 1999 hatte man die Hoffnung, dass nun die ganze Straße aufgewertet werden und sich herausputzen würde. Der Impuls des Design-Centers blieb jedoch auf den vorderen Teil der Kantstraße begrenzt.

Bis auf Höhe des Savignyplatzes wird tatsächlich einiges geboten: *Theater des Westens*, *Paris-Bar*, *Stilwerk*, *Schwarzes Café*. Allesamt Institutionen. Um den Savignyplatz herum dasselbe intakte Bild. Je weiter man sich jedoch vom Zentrum entfernt, umso trister wird es. Ab der Leibnizstraße ist Grau die vorherrschende Farbe, und spätestens ab der Höhe der Kaiser-Friedrich-Straße verliert man jede Lust. Umso größer ist die Verwunderung, wenn man am Amtsgerichtsplatz plötzlich auf ein kleines rotes Holzhäuschen wie aus einem Märchen der Brüder Grimm trifft. Hier, in einer ehemaligen Bedürfnisanstalt aus dem Jahr 1905, werden seit 2014 Crêpes und Galettes feilgeboten. Ich will nicht sagen, dass die Anreise lohnt, aber sollten Sie gerade in der Gegend sein und zudem einen kleinen Hunger haben, lassen Sie sich das Crêplala nicht entgehen.

Die kleinen Köstlichkeiten kosten zwischen 2 und 6 Euro (darunter Leckerbissen wie Galettes mit gratiniertem Ziegenkäse, Tomaten und Honig oder Crêpes mit Birne und Schokolade), Salate, Suppen sowie Kuchen finden Sie auf der Tageskarte. Auf der von der Kantstraße abgewandten Seite gibt es zudem eine Sonnenterrasse.

☞ Damit Sie nicht vor verschlossener Hüttentür stehen: Geöffnet ist dienstags bis freitags von 11 bis 22 Uhr, am Wochenende erst ab 16 Uhr.

3 MINUTES SUR MER /// **TORSTRASSE 167** /// **10115 BERLIN** ///
0 30 / 67 30 20 52 /// **WWW.3MINUTESSURMER.DE** ///

EIN ABEND AUF DER PROMENADE

3 minutes sur mer

54

Die Torstraße hat eigentlich wenig Einladendes zu bieten. Eine triste, graue, laute, vierspurige Straße mit einer Menge fieser Nachkriegsbauten. Dennoch hat sie sich in den vergangenen Jahren fest als Ausgehmeile etabliert. Es war sogar schon vom »neuen Zentrum in Berlin-Mitte« zu lesen. Dem Zentrum des Zentrums sozusagen. Und mittendrin in der Mitte: das *3 minutes sur mer*.

Zunächst einmal: Das *3 minutes sur mer* ist nicht das einzige gute Restaurant in der Torstraße. Insbesondere auf dem Stück zwischen Rosenthaler Platz und Borsigstraße reiht sich inzwischen ein Restaurant an das nächste. Empfehlenswert sind besonders (von Ost nach West) das Bandol, das Noto sowie das Themroc. Allen dreien gemeinsam ist, dass sich hier gerne Menschen einfinden, die genau das sein möchten: die Mitte der Mitte. Man gibt sich locker, ist aber schon irgendwie wer oder wird es demnächst sein, ganz bestimmt. Auch die Preise sind nicht ohne. Billig geht anders.

Wen das nicht stört, oder wer sich, im Gegenteil, davon angezogen fühlt, der kann hier ohne viel Anstrengung einen Abend mit viel guter Laune verbringen. Ich persönlich ziehe das *3 minutes sur mer* den anderen Restaurants vor, weil es angenehm groß ist und durch die Ecklage über zwei Fensterfronten verfügt. Im Sommer lässt es sich gut draußen an einem der Tische unter den ausladenden Markisen sitzen.

Die Küche ist klassisch französisch und irgendwo zwischen Bistro und Edelrestaurant angesiedelt. Wer es kräftig und außerdem Fisch mag, wird an der Bouillabaisse Freude haben. Ebenfalls auf der Karte zu finden sind Austern, Schnecken oder Rotbarbe. Doch auch Nicht-Fischesser kommen auf ihre Kosten. Ich persönlich gönne mir, wenn ich schon einmal hier bin, in der Regel ein Entrecôte mit Kartoffelgratin.

✍ Abends sollten Sie reservieren. Mittags ist es leerer und es gibt, im Gegensatz zu den meisten anderen Restaurants auf der Torstraße, eine Mittagskarte.

FREISCHWIMMER /// VOR DEM SCHLESISCHEN TOR 2 A ///
10997 BERLIN /// 0 30 / 61 07 43 09 ///
WWW.FREISCHWIMMER-BERLIN.COM ///

FREISCHWIMMEN FÜR LANDRATTEN
Freischwimmer

55

Nach dem Mauerfall gab es in Berlin insbesondere auf und um den ehemaligen Grenzstreifen herum unendlich viel Neues zu entdecken. Gebäude wollten erkundet und genutzt, Plätze geschaffen, Orte besetzt werden. Für ungefähr ein Jahrzehnt war Berlin eine einzige Spielwiese. Heute sind die meisten dieser Räume verschwunden, umgezogen oder in die Bürgerlichkeit überführt. Es gibt allerdings Orte, an denen noch Reste dieses Nachwende-Gefühls zu finden sind. Einer davon ist der Flutgraben an der Grenze zwischen Kreuzberg und Treptow – da wo früher, egal von welcher Seite man kam, alles endete.

Seit 1998 beherbergt hier der alte Bootsverleih an der Brücke eine Location der unendlichen Möglichkeiten: den Freischwimmer. Entspannter geht es kaum irgendwo in der Stadt zu. Im Sommer am Wasser und im Winter am Kamin? Oder andersherum? Egal ob im Kaminzimmer, im Wintergarten, oder doch lieber draußen auf dem Bootssteg, im Bootshaus oder im Rosengarten unter Bäumen: Angenehm ist es überall. Und wer das Festland trotzdem lieber meiden will, kann sich ein Boot mieten und mit dem dazugehörigen Picknickkorb die Spree entern.

Sonntags ab 10 gibt es den günstigen Berlin-typischen Brunch, bis Oktober wird gegrillt. Generell empfiehlt sich eine Tischreservierung. Im Sommer finden an Sonntagnachmittagen gelegentlich Open Airs statt. Wer am Wochenende kommt, kann nach Feierabend einfach auf die andere Uferseite in den *Club der Visionäre* hinüberwechseln.

Meine Empfehlung: Kommen Sie an einem warmen Abend, wenn die Lichter der beiden Locations auf dem Wasser schaukeln und die Musik aus dem *Club der Visionäre* bis in den Freischwimmer schwappt. Bleiben Sie einen Moment auf der Brücke stehen – sehr wahrscheinlich werden Sie ein Foto machen wollen – und dann hinein ins nächtliche Treiben.

✐ Man kann montags bis freitags ab 12 Uhr, wochenends ab 11 Uhr im Freischwimmer Boote ab 10 Euro pro Stunde leihen. Mehr erfahren Sie telefonisch: 0 30 / 61 07 43 09.

BADESCHIFF /// EICHENSTRASSE 4 /// 12435 BERLIN ///
01 52 / 05 94 57 52 /// WWW.ARENA-BERLIN.DE/BADESCHIFF ///

360°-GROSSSTADTPANORAMA, UND DIE SEELE BAUMELT

Badeschiff

56

Um gleich zu Beginn eventuellen Missverständnissen vorzubeugen: Zum Baden ist das Badeschiff relativ ungeeignet. Wer in Ruhe ein paar Bahnen ziehen möchte, wird enttäuscht werden. Wer jedoch eine coole Strandbar mit DJ sucht, wird sich über den zusätzlichen Pool freuen.

Vor gut zehn Jahren wurde an der Arena in Treptow das Badeschiff eingeweiht. Inzwischen ist es längst ein Ausgeh-Klassiker. Noch immer besticht die Idee: Man nehme einen ehemaligen Lastkahn, baue ihn zu einem Schwimmbecken um und verankere ihn in der Spree. Schon hat man ein 32 Meter langes und acht Meter breites Schwimmbad, das wiederum im Wasser treibt. Dazu noch eine hübsche Steganlage, für das Ufer jede Menge Sand, eine Bar, einen DJ und ein 360°-Großstadtpanorama, und fertig ist ein Ort der Extraklasse.

Die Arena, um das kurz zu klären, breitet sich als Veranstaltungsgelände gegenüber dem Osthafen aus. Zu ihr gehören unter anderem die unter Denkmalschutz stehende Halle, die früher als Betriebshof genutzt wurde und heute bei Großveranstaltungen bis zu 9.000 Menschen Platz bietet, außerdem das Glashaus mit zwei Räumen für mittelgroße Events, ein Nachtclub und eben das Badeschiff.

An heißen Tagen findet sich kaum noch ein Platz zwischen den Handtüchern, doch genau so will man es. Denn selbstredend geht es auch ums Sehen-und-Gesehenwerden. Da werden Sixpacks gegrillt und wird die neueste Bikinimode zur Schau gestellt. Gelegentlich muss man anstehen, bevor man ins Becken darf.

Abends allerdings, mit sinkenden Temperaturen und ebensolchem Testosteronspiegel, verwandelt sich, wenn man Glück hat, das Badeschiff zuweilen in einen wundervoll atmosphärischen Ort.

Noch ein Tipp: Im Winter werden die Stege sowie das Becken mit kokonartigen Aufbauten umspannt, dann wird aus dem Badeschiff eine Saunalandschaft. Auch schön.

✍ Während der Sommersaison ist von 8 Uhr morgens bis Mitternacht geöffnet, das »Winterbadeschiff«, die Sauna also, schließt dagegen bereits um 22 Uhr.

PRIME TIME THEATER /// MÜLLERSTRASSE 163B /// 13353 BERLIN ///
0 30 / 49 90 79 58 /// WWW.PRIMETIMETHEATER.DE ///

THEATER GEHT AUCH ANDERS
Prime Time Theater

57

Im Schatten der etablierten Spielstätten hat sich in der wenig ansprechenden Müllerstraße im Wedding ein neues Theater etabliert. 2003 wurde dort die erste Vorstellung gegeben, heute ist es eine Kultstätte.

Wer in Berlin in die Oper oder in eines der großen Theater geht, bekommt vom Senat ordentlich Geld dazu. Mit etwa 100 Euro pro Besucher werden die Karten bezuschusst. Bei den Theatern ist mit etwa 140 Euro pro Karte die Volksbühne der Subventions-Spitzenreiter, einen Abend in der Staatsoper lässt sich das Land sogar 250 Euro kosten.

Vor diesem Hintergrund ist die Erfolgsgeschichte des *Prime Time* umso erstaunlicher. Das hat nämlich jahrelang keinen Cent erhalten. Man mache dort Boulevard-Theater und das sei nicht förderungswürdig. Tatsächlich aber hat man hier von Beginn an etwas ganz anderes gemacht, nämlich: innovatives Theater. Vor 35 Klappstühlen gingen die ersten Vorstellungen über die Bühne, heute sitzt man gemütlich auf alten Kinosesseln, der Raum fasst 230 Zuschauer.

Die Idee war, Fernseh-Genres wie Sitcoms oder Krimis mit Witz und Ironie auf die Bühne zu bringen. Dabei sollten die neuen Formate immer auch einen Bezug zum Bezirk und zur Stadt haben: Prekariat, Gentrifizierung, Migration, Ostalgie ... »The real shit!«, wie ein Besucher freudig schrieb. Die politische Dimension stellte sich von ganz alleine ein.

Das berühmteste Produkt nennt sich *Gutes Wedding, schlechtes Wedding*. Seit Jahren läuft die Theater-Sitcom ohne Unterbrechung, alle fünf Wochen feiert eine neue Folge Premiere. Viele Besucher kommen immer wieder. Apropos Besucher: Im *Prime Time* findet sich tatsächlich der viel zitierte »Querschnitt der Gesellschaft«, den sich so viele Spielstätten ersehnen. Schüler, Rentner, Arbeitslose, Hausfrauen, Professoren ... Karten kosten zwischen knapp 10 und keinen 20 Euro, je nachdem, ob Hartz IV-Empfänger oder Professor. Volkstheater im besten Sinne.

☞ *Gutes Wedding, schlechtes Wedding* läuft donnerstags bis montags zur »Primetime«, also ab 20.15 Uhr. Einlass ist ab 19 Uhr, die Platzwahl ist frei.

SANATORIUM 23 /// FRANKFURTER ALLEE 23 /// 10247 BERLIN ///
0 30 / 42 02 11 93 /// WWW.SANATORIUM23.DE ///

CAFÉ TASSO /// FRANKFURTER ALLEE 11 /// 10247 BERLIN ///
0 30 / 48 62 47 08 /// WWW.CAFE-TASSO.DE ///

58

VOM SANATORIUM AUS IN DIE NACHT
Sanatorium 23

Die Frankfurter Allee ist ausgesprochen unsexy. Eigentlich. Dennoch hat sich eine Handvoll Locations entlang der Ausfallstraße eingenistet, die hartnäckig entspannte Atmosphäre und gute Laune verbreiten.

Neben der gediegen-schicken *CSA Bar* (Karl-Marx-Allee 96) gehört auch das weniger gediegene *Sanatorium 23* in die Reihe der Gemütlichmacher dieser Straße. Patientenaufnahme ist hier täglich ab 18 Uhr.

So unattraktiv die Frankfurter Allee sein mag, befindet sie sich doch im nach wie vor als Ausgehbezirk angesagten Friedrichshain. Entsprechend szenig ist das Publikum im Sanatorium: meist nicht älter als 35, hip, betont lässig. Man chillt auf Möbeln, die an Krankenhausbetten erinnern, semi-transparente Plastikvorhänge teilen die Sitzgruppen ab, im Hintergrund puckern Elektrosounds. Die Getränkekarte ist dem Periodensystem der Elemente nachempfunden: »Ts« zum Beispiel steht für Tequila Sunrise, »Si« für Singapore Sling.

Die Über-Eck-Lounge-Bar hat eine angenehme Größe und erfreut sich besonderer Beliebtheit als »Bar vor dem Ausgehen«. Wer möchte, kann hier auch seinen Geburtstag oder seine Hochzeit feiern. Am angenehmsten ist es im Sommer. Dann stehen Liegestühle unter den Markisen, die roten Lampions baumeln träge in der warmen Luft, der Atem geht langsam. Jenseits des verdorrten Grünstreifens rauscht der Verkehr, und wenn man sich zurücklehnt, gibt es ein paar Sterne zu sehen. So groovt man sich vom Abend in die Nacht.

An den Wochenenden (gemeint ist hier: ab Donnerstagabend), wenn die Partygänger sich für die bevorstehende Nacht in Stimmung bringen, stehen oft bekanntere DJs an den Turntables, und es darf gerne mit Kopf und / oder Hüfte gewackelt werden. Und wer zu vorgerückter Stunde doch nicht mehr die Energie aufbringt, noch auf die Piste zu gehen, der bleibt halt einfach da.

Gleich nebenan, im Café Tasso, finden regelmäßig Lesungen statt. Hinterher können Sie ja die frische Inspiration im Sanatorium auskurieren.

NACHTS

WINDHORST /// DOROTHEENSTRASSE 65 /// 10117 BERLIN ///
0 30 / 20 45 00 70 /// WWW.WINDHORST-BAR.DE ///

HIPSTER? NEIN, DANKE
Windhorst

59

Ich sage es lieber gleich: Trotz seiner zentralen Lage ist das Windhorst keine Hipster-Bar, die einem das Gefühl unbedingter Angesagtheit vermittelt und in der um jede Handbreit des Tresens gerungen wird. Wer also Glamour möchte, Promis und Sehen-und-Gesehenwerden, der sollte sich lieber um Einlass ins *Tausend* (stylish, cool und hip), ins *Gin & Tonic* (ambitioniert) oder ins *King Size* (Yeehaaw!) bemühen.

Das Windhorst hingegen ist der geeignete Ort, um in angenehmer Atmosphäre einen guten Drink zu nehmen und sich angeregt zu unterhalten: Es ist nicht zu laut, nicht zu voll und nicht zu groß. Und die Lampen sind genau so weit heruntergedimmt, dass man in wohligem Zwielicht versinkt. Die Einrichtung ist schlicht, aber geschmackvoll, man sitzt gut, und im vorderen Teil der Bar darf geraucht werden. Mittwochs gibt es die *Soul Suite,* dann legt DJane Gesa Simons Platten auf, so wie früher, aus Vinyl, und während man sich unterhält, beginnt der Fuß ein bisschen zu wippen.

Nach seiner Eröffnung war eine Zeit lang fraglich, ob das Windhorst überleben würde. In unmittelbarer Nachbarschaft der englischen und amerikanischen Botschaft gelegen, galt die Bar nach den Anschlägen vom 11. September als potenzielle Sicherheitsgefährdung. Die Straße war abgesperrt, und um ins Windhorst zu gelangen, musste man eine Sicherheitsschleuse passieren, seinen Ausweis vorlegen und seine Taschen entleeren. Da wurden Erinnerungen an DDR-Zeiten wach. Zum Glück gehört auch diese Erinnerung inzwischen zu dem Fundus der zahllosen eigenwilligen Nachwendezeit-Anekdoten.

Einen hab ich noch nicht erwähnt: Günter. Der Gründer, Namensgeber und Betreiber der Bar ist für mich das, was ich mir unter einem guten Barkeeper vorstelle: Er ist freundlich, unaufgeregt und aufmerksam, ohne aufdringlich zu sein. Und er mixt gute Cocktails. Was will man mehr?

☙ Die angeregte Unterhaltung muss übrigens kein Ende finden – das Windhorst hat unter der Woche ab 18 Uhr, samstags ab 21 Uhr, bis open end geöffnet.

**MADAME CLAUDE /// LÜBBENER STRASSE 19 /// 10997 BERLIN ///
0 30 / 84 11 08 59 /// WWW.MADAMECLAUDE.DE ///**

KURZERHAND DIE SCHWERKRAFT AUSGESCHALTET

Madame Claude

60

2008 von drei französischen Freunden in einem ehemaligen Bordell eröffnet, gehört das Madame Claude seit Jahren zu den verlässlichen Adressen für Ausgehwillige. Jeden Abend ab 21 Uhr wird hier Musik gemacht, getanzt, gekickert oder Tischtennis gespielt.

Man mag sich gar nicht vorstellen, wie viele lustige Handyfotos hier bereits gemacht wurden und jetzt auf den Facebook-Seiten dieser Welt herumgereicht werden. Der Grund dafür ist die mehr als eigenwillige Einrichtung. Verkehrt herum von der Decke hängt ein komplettes Wohnzimmer, mit allem, was dazugehört – Sessel, Lampen, Teppiche. Sogar ein in die Ecke geworfenes Paar Schuhe findet sich. Mitsamt Schnürsenkeln. Am Fußboden, beziehungsweise an der Decke – festgeklebt, versteht sich. Nicht abgehoben, sondern ganz bodenständig bleibt der restliche Stil der Bar: Hauptsache, entspannt und unprätentiös.

Auch sonst geht es im Madame Claude gerne bunt zu. Konzerte, Bar, Tischtennisrundlauf mit wechselnden DJs … Events aller Art finden hier statt. Eine Institution nicht nur unter neu in Berlin eingetroffenen Musikern und Nachwuchstalenten ist der *Open Mic L.J.Fox* am Sonntagabend. Das Niveau ist beachtlich, und nicht selten muss man aufpassen, dass der Mund nicht offen stehen bleibt, wenn man da auf Hockern sitzt, umgeben von den Talentierten und den Musikaffinen, die trotz der zugegebenermaßen nicht sehr guten Luft mit ihrem Bier still dasitzen, um auch ja keinen Ton zu verpassen. Die Pause zwischendrin macht's möglich.

Auffällig oft wird Englisch gesprochen, Expats und internationale Wahlberliner kommen hier zusammen, meist musikalisch Kreative, die sich am Tresen treffen, eine Runde kickern und dann im Souterrain auf der Bühne ihr Können zeigen. Gitarre dabei?

🖉 Falls Sie am *Open Mic* teilnehmen wollen: Ab 20 Uhr kann man sich anmelden, ab 21 Uhr geht's los: eigene Songs, keine Coverversionen.

AB INS SCHWIMMBAD, TANZEN!
Prince Charles

61

Berlin ist die Stadt der Berufsjugendlichen. Ständig begegnet man Menschen, die mit 40 auszusehen versuchen, als hätten sie gerade Abi gemacht, und mit 50, als seien sie Drittsemester. Um im *Prince Charles* zu bestehen, sollte man jedoch nicht älter als Mitte 30 sein. Echte Mitte 30. Besser noch Mitte 20.

So wie Clubber aus aller Welt in den Nachwendejahren nach Berlin kamen, um einmal im *Tresor* oder im *E-Werk* gewesen zu sein, so kommen sie heute, um »the world capital of techno« – das Berghain – von innen zu erleben. Kann man niemandem verdenken, schließlich weiß der Club allein durch seine Größe und Architektur als Techno-Kathedrale zu beeindrucken. Wer aber einfach nur Party machen und abtanzen will, der ist im *Prince Charles* richtig.

Noch vor wenigen Jahren war der Moritzplatz nicht mehr als eine öde Verkehrsinsel im Niemandsland zwischen Kreuzberg und Mitte. Hier kam man nicht hin, hier fuhr man vorbei. Dann wurde das Aufbau-Haus gebaut – benannt nach der gleichnamigen Verlagsgruppe –, und auf dem Brachgelände gegenüber machten sich die Prinzessinnengärten breit (Seite 45). Der Platz begann, sich tagsüber mit Leben und Kultur zu füllen.

Dank *Prince Charles* steppt hier inzwischen auch nachts der Bär. Der Club residiert im Hinterhof des Aufbau-Gebäudes. Erst nachdem man die unscheinbare Lieferanteneinfahrt passiert hat und die Rampe in den Hof hinuntergeht, weiß man, wo die Musik spielt. In einem ehemaligen Schwimmbad nämlich. Da wo früher das Wasser plätscherte, befindet sich jetzt die Bar, dahinter wird, je nach Größe der Veranstaltung, auf verschiedenen Floors getanzt. Und zwar die ganze Nacht.

Die Türpolitik ist nicht ohne, die Preise sind es ebenfalls nicht, und wer nicht lange anstehen will, sollte möglichst nicht erst um ein Uhr morgens erscheinen. Ist man erst mal drin, geht dafür die Post ab!

✎ Und für die Stärkung vor dem Tanzen im *Prince Charles*: Unweit, in der Oranienstraße, gibt es ein kleines, köstliches persisches Restaurant – das Safran.

HOTEL AMANO /// AUGUSTSTRASSE 43 /// 10119 BERLIN ///
0 30 / 8 09 41 50 /// WWW.AMANOGROUP.DE/HOTELS/AMANO ///

EINE ÜBERNACHTUNGSEMPFEHLUNG
Hotel Amano

62

Seit Jahren ist Berlin die beliebteste deutsche Stadt für Gäste aus aller Welt. Bei knapp 27 Millionen Übernachtungen pro Jahr (2013) verzeichnet es einen größeren Besucherandrang als Rom. Tendenz steigend. Entsprechend wuchs das Übernachtungsangebot.

Aus den über 500 Hotels in der Stadt eines herauszugreifen, um es besonders zu empfehlen, ist eigentlich Unsinn. Die Jahre der Beherbergungsdürre sind vorbei, im gesamten Stadtgebiet gibt es Hotels für jeden Geschmack und jeden Geldbeutel. Und bei einer Gesamtauslastung von um die 60 Prozent muss man auch nicht fürchten, nirgends mehr ein Zimmer zu bekommen.

Ich greife dennoch eins heraus und empfehle es besonders: das Amano. Aus Erfahrung. Nicht aus eigener, wie man sich denken kann, schließlich wohne ich hier. Nein, ich empfehle es einfach seit Jahren jedem, der mich um einen Tipp bittet, und bislang waren alle zufrieden. Und das liegt an Folgendem.

Erstens, die Lage – zentral, sehr zentral. Im historischen Scheunenviertel gelegen. Zu Fuß sind Sie in fünf Minuten am Hackeschen Markt.

Zweitens, die Zimmer – sauber, bequem und praktisch. Die Einrichtung ist modern und betont stylish. Familiär geht anders, aber das haben Sie ja zu Hause.

Drittens – das Angebot: bemerkenswert. Das Frühstück genügt auch höheren Ansprüchen. Man kann im einladenden Innenhof essen, zudem gibt es eine loungige Dachterrasse mit einer Bar und jeder Menge Aussicht. Selbstredend gibt es im Hotel ebenfalls eine Bar.

Und schließlich, die Preise – moderat. Für 70 bis 100 Euro darf man sich auf ein gutes Zimmer freuen. Da habe ich andernorts schon für mehr Geld schlechter gewohnt. Wer früh genug über die Website bucht, bekommt zudem Rabatt.

Habe ich etwas vergessen? Vielleicht noch das Personal: erfreulich freundlich.

✎ Das Amano verleiht übrigens Fahrräder und kleine technische Helfer wie Navigationssysteme für Fußgänger oder iPods mit Audio-Walking-Touren.

ELEKTRONISCHE MUSIK IN OMAS WOHNZIMMER
Chalet

63

Der legendären *Bar 25* am Spreeufer wird man in Berlin noch lange nachtrauern. Sehr lange. Ein Hippie-Traum, der in umso glanzvollerem Licht erstrahlt, je weiter er sich von einem entfernt. Schnief. (Wer einen Eindruck davon bekommen möchte, wie es dort zuging, der werfe einen Blick in den Bildband *25/7* von Carolin Saage.)

2012 hat sich ein Teil der Bar-25-Crew des ehemaligen Steuerhauses der Königlichen Wasserinspektion am Landwehrkanal angenommen und daraus eine Partylocation gemacht. Auch wenn der denkmalgeschützte Backsteinbau von 1859 zunächst nicht so anmutet: Einen besseren Ort hätten sie sich kaum aussuchen können.

Sie wollen die Nacht zum Tag machen? Dann könnte das Chalet der richtige Ort für Sie sein. Der Club öffnet um Mitternacht, voll wird es ab 2 Uhr morgens. Dann aber richtig. Bis dahin können Sie in der Lounge auf alten Sofas abhängen. Ganz so jung wie im *Prince Charles* müssen Sie nicht sein, aber noch jung fühlen sollten Sie sich auf jeden Fall.

Zunächst erwartet einen die Lounge mit schummrigem Licht und einer Einrichtung zwischen Gentlemen's Club und Omas Wohnzimmer. Nach Mitternacht zieht es die Clubber dann hinauf in den ersten Stock, wo insbesondere bei den samstäglichen Clubnächten gerne internationale DJ-Größen auf der Kanzel stehen. Elektronische Musik gibt den Ton an. Zum Entspannen gibt es den Garten mit eigener Bar, Lampions in den Bäumen und sogar einem Seerosenteich. Echt schnieke, wie der Berliner sagen würde.

Klar, dass ein Ort wie das Chalet das Berliner Szenevolk ebenso anzieht wie die internationale Clubszene. Hipster-Brigaden, Fashion Victims, junge Menschen, die sich lautstark zurufen, wie man am Computer die coolsten Loops kombiniert. Passt schon. Die Stimmung ist ausgelassen, die Türpolitik liberal, die Bedienung gut drauf. Lass laufen!

✆ Geöffnet dienstags und donnerstags bis sonntags. Man kann übrigens schon ab 20 Uhr im Garten des Chalet sitzen und den Abend anklingen lassen.

FUCHS & ELSTER /// WESERSTRASSE 207 /// 12047 BERLIN ///
WWW.FUCHSUNDELSTER.COM ///

AUFGESTUHLT HEISST
NICHT GLEICH AUFGESTUHLT
Fuchs & Elster

64

Auf den ersten Blick wirkt das *Fuchs & Elster* wie einer von vielen Wohnzimmerorten in Neukölln. Die Einrichtung ist liebevoll zusammengewürfelt, man lümmelt bei Schlummerlicht und guter Musik auf alten Sofas und trinkt Bier, Erdbeer-Daiquiri oder Moscow Mule. Ab 18 Uhr stehen Suppen, Salate und Tapas auf der Karte. So geht's entspannt durch die Woche. Dann kommt das Wochenende.

Wer es nicht besser weiß, der geht Freitagnacht am *Fuchs & Elster* einfach vorbei. Drinnen sind die Lichter aus, und es ist aufgestuhlt. Nur ein unscheinbar in schwarz gekleideter Mann steht vor der Tür. Zu Ihrem Glück haben Sie diesen Text gelesen und wissen: Dieser Mann signalisiert, dass Wochenende ist, und dass das *Fuchs & Elster* sich verwandelt hat. Er ist dafür zuständig, dass vor der Tür sich bildende Grüppchen leise sind – Menschen mit vor Hitze geröteten Wangen, die aus dem *Fuchs & Elster* kommen und sich erst noch die Bässe aus den Beinen schütteln müssen. Denn: Oben aufgestuhlt heißt Undergroundclub im Keller!

Also flugs den dunklen Barraum durchquert, die steile Hintertreppe hinunter, und schon steht man vor der Tür, die in eine Parallelwelt führt, sobald man sie öffnet. Eng wird es hier, warm und laut. So wie es sich für einen Undergroundclub gehört. Da erwachen bei Langzeit-Berlinern wie mir schon mal romantische Erinnerungen an die 90er. Livekonzerte mit zum Teil bemerkenswerten Bands finden hier statt, oft aus der Balkan-Beats-Ecke, anschließend legen DJs auf. Dazu die unaufgeregte Stimmung, die bereits abends in der Bar herrscht. Fühlt sich nach Refugium an, und ist es wahrscheinlich auch.

Fazit: Im *Fuchs & Elster* findet man einen der letzten Orte in der Stadt, an dem man sich tanzend oder auch nicht tanzend mit lockeren Leuten ohne Anstrengung eine Nacht lang der Zeit und dem Rest der Welt entwinden kann.

🦊 Wenn Sie am Wochenende den Abend im Klunkerkranich (Seite 65) haben anklingen lassen, kommen Sie umsonst ins *Fuchs & Elster*. Kommen Sie aber nicht zu früh!

25HOURS HOTEL /// BUDAPESTER STRASSE 40 /// 10787 BERLIN ///
0 30 / 1 20 22 12 55 /// WWW.25HOURS-HOTELS.COM ///

FÜNFUNDZWANZIG STUNDEN JUNG UND TRENDY

25 hours hotel

65

Mit den Hotels verhält es sich in Berlin ähnlich wie mit den Restaurants: Die Zeiten, in denen man die Wahl hatte zwischen überteuerten Nobelherbergen mit livrierten Pagen in exponierter Lage oder aber mittelmäßigen Absteigen mit muffigen Vorhängen, sind lange vorbei. Und wie für Restaurants gilt auch hier: Laufend kommt ein neues hinzu, und ein Ende ist nicht in Sicht.

Rund um den Breitscheidplatz hat sich in den vergangenen Jahren einiges getan (Bikini-Haus, Seite 83, und Neni, Seite 123), was, unter uns gesagt, auch lange überfällig war. Am markantesten nimmt sich das 2013 eröffnete und in Deutschland erste Hotel Waldorf Astoria am Zoo aus. Hier soll sich das gut betuchte Publikum aus aller Welt angemessen gebettet fühlen. Vermutlich tut es das. Mir persönlich ist es zu protzig und zu teuer.

Sehr neu und stylish und international großstädtisch und vielleicht etwas bemüht anders, aber trotzdem so, dass man sich dort wohlfühlen kann, gibt sich das 2014 eröffnete *25 hours* am Zoo. Es will jung und trendy rüberkommen, und das klappt auch. Wer sich also jung und trendy fühlen möchte: This is the place! Spätestens bei einem nächtlichen Drink auf der Dachterrasse der *Monkey Bar* geht an jung und trendy übrigens kein Weg mehr vorbei.

Die Zimmer sind betont modern eingerichtet, viele haben raumhohe Fenster, die dem Blick über Berlin auch bei tristem Wetter eine besondere Qualität verleihen. In manchen ist eine Hängematte angebracht, und man kann, während man baumelnd seinen Abend plant, die Tiere im Zoo beobachten. Da stellen sich schon mal Filmgefühle ein. Bei einigen Zimmern ist zudem ein Leihfahrrad inbegriffen, das – logisch – ebenfalls sehr stylish aussieht. Verkehrstechnisch liegt das Hotel ausgesprochen günstig, und bei Zimmerpreisen von zum Teil unter 100 Euro treibt es jedem Londoner die Freudentränen in die Augen.

☞ Wenn Sie an der S- und U-Bahn-Station Zoologischer Garten aussteigen, können Sie direkt das Hotel ansteuern. Oder aber: Wie wäre ein Spaziergang durch den Zoo?

THE GRAND /// HIRTENSTRASSE 4 /// 10178 BERLIN ///
0 30 / 27 89 09 95 60 /// WWW.THE-GRAND-BERLIN.COM ///

EDEL, ABER BEMÜHT ENTSPANNT
The Grand

66

Heute mal etwas schicker unterwegs? Gut, dann könnte *The Grand* der richtige Ort für Sie sein. *The Grand* ist wie ein Überraschungsei – Restaurant, Bar und Club in einem. Aber vorher noch am EC-Automaten vorbei.

Das gleich vorneweg: Mir persönlich ist das Publikum im *The Grand* zu schnöselig. Zu viele Schlipsträger, Yuppies auf der Überholspur und Frauen, deren größtes Interesse ihren Spiegelbildern gilt. Aber das muss ja nicht auch für Sie gelten.

Das Restaurant ist vor allem edel – mit Galerie oben und Terrasse im Hof. Das Essen kann überzeugen, die Preise … Naja, billig geht anders. Aber hier zahlt man ja auch fürs Ambiente. Einen guten Ruf genießt die Grillkarte, da ist man für ein Entrecôte vom Simmentaler Rind mit etwas mehr als 20 Euro dabei, Beilagen extra.

Ich komme gelegentlich auf einen Absacker vorbei, da ein Freund von mir in der Bar auflegt. Wie es dort zugeht, können Sie sich ausmalen, wenn ich Ihnen sage, dass es neben der Cocktail- und Champagnerkarte auch eine Zigarrenkarte gibt. Die Cocktails sind durchweg gut und kosten zwischen 10 und 15 Euro, für einen Champagnercocktail muss man dann noch einmal 5 drauflegen. Man hat die Welt gesehen und erzählt gerne davon. Das kann entweder amüsant sein oder auch sterbenslangweilig. In letzterem Falle bleibt noch der überschaubar familiäre Club, wo Sie mit niemandem reden müssen, einfach weil dort die Musik dröhnt.

Dafür können Sie hier getrost die Zügel locker lassen und beschwingt das Tanzbein heben. Ist keiner der Clubs, wo bis zum nächsten Morgen durchgetanzt wird, aber dafür, dass man sich mächtig angesagt fühlt und eine Menge Testosteron im Blut hat, gibt man sich relativ große Mühe, entspannt rüberzukommen. Sie merken es meinen Zeilen an: Ich gehöre da eigentlich nicht hin. Manchmal aber fühlt man sich ja gerade da ganz wohl, wo man eigentlich nicht hingehört.

Den nächsten EC-Automaten finden Sie in der Karl-Liebknecht-Straße 29 (Sparkasse) oder in der Mollstraße 4 (Volksbank). Oder am Alexanderplatz.

ADMIRALBRÜCKE /// AM ENDE DER ADMIRALSTRASSE ///
10967 BERLIN ///

BEI SCHLAWINCHEN /// SCHÖNLEINSTRASSE 34 ///
10967 BERLIN ///

DIE GRÖSSTE INOFFIZIELLE FREILICHTBÜHNE

Admiralbrücke

Dass die unscheinbare schmiedeeiserne Jugendstilbrücke einmal zu einem europaweit angesagten Treffpunkt werden würde, hätte sie sich selbst sicher niemals träumen lassen. Und doch treffen sich seit Jahren während der Freiluftsaison allabendlich junge und nicht mehr ganz junge Menschen aus allen Teilen der Welt hier.

1880–82 erbaut, ist die denkmalgeschützte Admiralbrücke heute die älteste noch existierende Brücke über den Landwehrkanal. Tatsächlich weiß sie insbesondere in den Abendstunden romantisches Flair zu entfalten – wenn die Sonne über dem Kanal untergeht und die Alt-Berliner Laternen ihr gelbliches Licht verströmen. Dann vollzieht sich ein traditionsreiches Kreuzberger Ritual: Nach und nach werden die Straßenpoller besetzt, Menschen finden sich ein, die Brücke füllt sich, es wird geredet, gegessen, getrunken und herumgesessen. Oder die eine oder andere Schachpartie gezockt.

Seitdem sich 2009 Anwohner beschwert haben, gehört zu diesem abendlichen Ritual auch, dass gegen 22 Uhr die Polizei erscheint und die Anwesenden zum Gehen auffordert. Ein Umstand, der dazu geführt hat, dass die Straßenmusiker und -künstler auf die Verstärker verzichten müssen und man sich geistig darauf einstellen sollte, den Ort nach Sonnenuntergang noch einmal zu wechseln.

Bis es so weit ist, deckt man sich beim »Späti« an der Ecke (eine soziale Institution in Berlin) mit Getränken, Zigaretten und Erdnüssen ein oder holt sich in der nahen Eisdiele ein Eis. Nach der Räumung können Sie den Abend bei einer Pizza im *Il Casolare* ausklingen lassen – oder aber weiterziehen, die Uferpromenade entlang, in eine Kneipe gehen oder sich einen grünen Flecken am Kanal suchen. Wie auch immer: Schön, dass Sie da waren.

🖋 Oder wie wäre ein schöner Spaziergang durch den Gräfekiez nach der Räumung? *Bei Schlawinchen* können Sie im Anschluss Berliner Eckkneipenkultur tanken.

MARKT AM MAYBACHUFER /// MAYBACHUFER ECKE KOTTBUSSER DAMM /// 12047 BERLIN ///

BERLIN HAT SEINEN BASAR
Markt am Maybachufer

Offiziell heißt der Markt auf der Grenzlinie zwischen Kreuzberg und Neukölln seit einigen Jahren *BiOriental Maybachufer Wochenmarkt*. Kann der Berliner natürlich nur mit den Schultern zucken. Für den heißt er nach wie vor »Türkenmarkt«.

Hier treffen sich Kreuzberger, Neuköllner und seit einigen Jahren zunehmend Touristen. Dennoch hat der Markt sein altes Gesicht nicht verloren. Und das ist auch gut so. (Wowereit kommentierte sein Outing 2001 bei seiner SPD-internen Vorstellung als Oberbürgermeisterkandidat mit den Worten »und das ist auch gut so«. Seitdem ist dieser Satz in Berlin ein geflügeltes Wort.).

Sobald dienstags und freitags das Maybachufer für den Straßenverkehr gesperrt wird, reiht sich entlang des Landwehrkanals Stand an Stand, und ein buntes Treiben setzt ein. Der Markt ist einer der größten in der Stadt – und das Angebot ebenso: türkische Spezialitäten (der Markt trägt seinen Namen nicht ohne Grund), Gemüse-, Obst- und Stoffstände, allerlei Bedarfsmaterial, Essensstände mit Crêpes, Kaffee, Kuchen und internationale Speisen, außerdem der ein oder andere Stand mit Kleidung. Es ist bunt, voll und immer günstig. Man bekommt viel und zahlt wenig. Und – egal, ob man seinen Wocheneinkauf erledigen oder einfach nur durch die Multikulti-Menge schlendern und Basarluft schnuppern möchte – die Atmosphäre ist einzigartig.

Mein Tipp: Kaufen Sie sich einen Simit oder ein Fladenbrot, türkische Aufstriche, etwas Schafskäse, ein paar Tomaten und einen frisch gepressten Orangensaft und setzen Sie sich am Ende des Marktes auf den Holzsteg über dem Wasser. Hier isst und trinkt man auf dem Boden sitzend zur Musik. Die Straßenmusiker wechseln im Halbstundentakt, die Sitzenden schunkeln, womöglich wird getanzt, der Hut geht herum, und wem es gefallen hat, der wirft ein paar Münzen hinein.

🐚 Samstags findet hier der Kunst- und Designermarkt *Neuköllner Stoff* statt. Von 11 bis 17 Uhr können Sie zwischen Ständen meist junger Kreativer bummeln.

DIE LÄNGSTE OPEN-AIR-GALERIE DER WELT

East Side Gallery

1990, kurz nach dem Mauerfall, machten sich insgesamt 118 Künstler aus 21 Ländern daran, in der Mühlenstraße die Ostseite (!) der Mauer zu bemalen. Heute ist die *East Side Gallery* nicht nur der längste noch existierende Mauerabschnitt, sondern zugleich die längste zusammenhängende Open-Air-Galerie der Welt.

Auf den 1,3 Kilometern Mauer gibt es zwar einige Motive, deren Symbolkraft stark genug war, um ihnen ein Eigenleben zu ermöglichen – so zum Beispiel der als Postkartenmotiv beliebte Bruderkuss von Breschnew und Honecker –, die meisten jedoch haben für sich genommen keine große Bekanntheit erlangt.

Was die Kunstmeile am Spreeufer dennoch sehenswert macht und täglich 5.000 Besucher anlockt, ist der Umstand, dass sie wie kein anderes Kunstwerk die damals noch ungebrochene Freude und Euphorie über die neue und vor allem friedlich errungene Freiheit widerspiegelt. Manche Motive sind in ihrer Aussage von geradezu kindlicher Naivität – was sie umso authentischer macht. Denn wer den Mauerfall in Berlin miterlebt hat, wird nie vergessen, wie Freude, Staunen und Fassungslosigkeit die Stadt über Monate elektrisierten. Und eben in dieser Zeit entstand die *East Side Gallery*. Sie ist also eher als Gesamtkunstwerk zu betrachten denn als eine Einzelsammlung.

Wie lange die *East Side Gallery* in ihrer jetzigen Form noch existieren wird, ist ungewiss. Zwar steht sie seit 1991 unter Denkmalschutz, doch wurde der Streifen zwischen Mauer und Flussufer an Investoren verkauft und erste Luxuswohnungen entstehen. Seit Jahren streiten sich Initiativen, Senat und Investoren ergebnislos, inzwischen wurde beschlossen, die bereits in die Mauer gerissene Lücke von sechs auf 30 Meter auszudehnen. Man darf vermuten, dass es nicht die letzte blieben wird. Nutzen Sie also die Gelegenheit, solange dieses einmalige Kunstwerk noch steht.

✍ Wenn Sie an der Warschauer Straße aussteigen (U1, S5, S7, S75), gehen Sie nicht gleich weiter: Auf der Brücke ist ein beliebter Platz für Straßenkünstler.

AUS DER WASSERPERSPEKTIVE
Brückenfahrt

Was viele Berlin-Besucher nicht wissen: Da die Innenstadt nicht nur von der Spree, sondern ebenso vom Landwehrkanal durchzogen ist, eignet sie sich hervorragend, um per Schiff erkundet zu werden. Auch Alteingesessene haben an einer Brückenfahrt ihren Spaß, denn Berlin verändert ständig sein Gesicht, und vieles ist nur vom Wasser aus zu sehen.

Angebote für eine Stadterkundung per Boot gibt es reichlich: vom privat zu mietenden Partyschiff für eine Nachtfahrt mit Drei-Gänge-Menü und DJ bis zum Müggelsee-Dampfer mit 200 Sitzplätzen auf dem Sonnendeck; von der einstündigen Tour im Wassertaxi bis zur Tagestour nach Werder.

Der Klassiker unter den Angeboten ist eindeutig die Brückenfahrt. So benannt, weil man auf der 23 Kilometer langen Tour durch sieben Stadtbezirke und unter insgesamt 64 Brücken hindurchfährt. Sie führt im Uhrzeigersinn über Spree und Landwehrkanal, wodurch man nirgends zweimal vorbeikommt. Allerdings dauert die Fahrt drei bis dreieinhalb Stunden, was zumindest bei Kindern oft den Bogen überspannt. Bedenkt man jedoch, wie viele Sehenswürdigkeiten Sie in dieser Zeit abhaken können, erscheinen dreieinhalb Stunden wiederum gar nicht lang: Ob Schloss Bellevue, Museumsinsel, *East Side Gallery* oder Potsdamer Platz – die auf einer Brückenfahrt gesammelten Eindrücke reichen für Wochen. Außerdem zeigt sich bei dieser Tour auf beeindruckende Weise das Nebeneinander von »neuem« und »altem« Berlin.

Wem die große Tour zu viel ist, dem empfehle ich eine Stadtkern- beziehungsweise Spreefahrt. Die lässt den Landwehrkanal komplett aus, dauert eine bis anderthalb Stunden, führt einmal durchs Zentrum und hat auf kurzer Strecke so viel Abwechslungsreiches zu bieten, dass auch Kinder kaum eine Chance haben, sich zu langweilen.

Einige der angebotenen Touren finden Sie hier: www.sternundkreis.de, www.spree-havelschiffahrt.de, www.berlinerwassertaxi.de, www.reederei-riedel.de.

LINIE 100 /// LINIENVERLAUF: WWW.BVG.DE/IMAGES/CONTENT/
LINIENVERLAEUFE/LINIENVERLAUFBUS100.PDF ///

SIGHTSEEING MIT DEM LINIENBUS
Linie 100

Für eine Standard-Sightseeing-Tour mit den wichtigsten Attraktionen stehen Ihnen in Berlin verschiedene Touristenbusse zur Verfügung. Da können Sie sich dann zwei Stunden lang einen erzählen lassen und 20 Euro zahlen. Oder aber Sie nehmen den Bus der Linie 100, zahlen nicht einmal drei Euro und haben Ihre Ruhe.

Die Buslinie 100 der BVG ist eine wirklich coole Institution. Im Zehn-Minuten-Takt pendelt sie den ganzen Tag zwischen Hertzallee (Zoologischer Garten) und Alexanderplatz hin und her und nimmt dabei alles mit, was an Sehenswürdigkeiten auf dem Weg liegt. Breitscheidplatz, Siegessäule, Schloss Bellevue, Reichstagsgebäude, Brandenburger Tor – liegt alles auf dem Weg.

Wer sich die Option offen lassen möchte, jederzeit aus- und wieder einzusteigen und nicht ohnehin im Besitz einer *Welcome Card* ist, der löst statt des AB-Einzelfahrscheins einfach ein Tagesticket.

Ins Leben gerufen wurde die Linie nach der Wiedervereinigung und war ursprünglich gar nicht als Sightseeingtour gedacht. Es war einfach die erste Linie, die den ehemaligen West- mit dem ehemaligen Ostteil verband. Irgendwann muss jemandem aufgefallen sein, dass entlang des Streckenverlaufs jede Menge Attraktionen zu bestaunen sind. Als Konsequenz dieser Erkenntnis verkehren heute auf dieser Linie ausschließlich Doppeldeckerbusse. Noch zwei Tipps, bevor es losgeht. Erstens: Wenn Sie einen der begehrten Plätze im Oberdeck ergattern wollen, warten Sie nicht wie alle anderen an der Haltestelle Zoologischer Garten, sondern gehen Sie Richtung Tiergarten bis vor zur Bahnbrücke und steigen an der ersten Haltestelle Hertzallee ein. Zweitens: Wer die Linie 100 nehmen und dennoch nicht auf einen Audioguide verzichten möchte, für den gibt es inzwischen eine Linie-100-App.

✎ Die Audioguide-App für das Sightseeing auf der Linie 100 finden Sie im Apple-Store.

AUF DER MAUER
Mauerweg

Als ich im Frühjahr 1988 nach Berlin zog, gab es niemanden, der für möglich gehalten hätte, dass nur anderthalb Jahre später die Mauer fallen würde. Die Teilung der Stadt war nicht nur allgegenwärtig, sie war akzeptiert. Ich kannte den Verlauf der Mauer sehr gut, denn ich wohnte unweit der Bornholmer Brücke (der erste Übergang, an dem in der Nacht vom 9. November die Grenzkontrollen eingestellt wurden), die meisten meiner Freunde dagegen wohnten in Kreuzberg. Luftlinie war das nicht besonders weit, doch wenn man nicht die S-Bahn nehmen und den Ostteil der Stadt unterqueren, sondern zum Beispiel Fahrrad fahren wollte, dann war der Weg doppelt so lang und man musste entlang des Mauerverlaufs erst Richtung Westen fahren, dann Richtung Süden, vorbei am Reichstagsgebäude und schließlich zurück in den »Osten«, nach Kreuzberg. Als die Mauer niedergerissen wurde, war ich fest davon überzeugt, ihren Verlauf so sehr verinnerlicht zu haben, dass ich ihn niemals wieder vergessen würde.

Tja, lang, lang ist's her. Heute passiert es selbst mir, dass ich erst überlegen muss, wo genau denn jetzt die Mauer stand, wenn ich mich an einem Ort aufhalte, dessen Straßenverlauf nicht mehr dem von 1989 entspricht.

Um diesem Vergessen entgegenzuwirken, hat sich die Stadt etwas einfallen lassen: Im Zentrum, auf einer Länge von etwa acht Kilometern, ist eine Pflastersteinspur in den Asphalt eingelassen worden, die den ehemaligen Verlauf der Mauer nachvollzieht. Sollte Ihnen also zum Beispiel bei Ihrem Bummel zum Checkpoint Charlie eine doppelreihige Spur aus Pflastersteinen begegnen, die auf den ersten Blick keinen Sinn zu ergeben scheint, können Sie die Gelegenheit nutzen, ein bisschen auf der ehemaligen Grenze zwischen der westlichen und der östlichen Welt zu wandeln. Oder auch mal hin- und herzuspringen. War nicht immer so einfach.

✎ Detaillierte Informationen mitsamt Routenvorschlägen finden Sie zum Beispiel unter www.berlin.de (Suchbegriff Mauerweg).

HIER WOHNTE
HUGO HAARZOPF
JG. 1898
DEPORTIERT 26.2.1943
AUSCHWITZ
KZ. NATZWEILER
ERMORDET AUG. 1943

HIER WOHNTE
PAULA HAARZOPF
JG. 1907
DEPORTIERT 26.2.1943
AUSCHWITZ
ERMORDET

HIER WOHNTE
EVA HAARZOPF
JG. 1933
DEPORTIERT 26.2.1943
AUSCHWITZ
ERMORDET

IN MESSING GEMEISSELT
Stolpersteine

Wer zu Fuß in Berlin unterwegs ist, der wird eher früher als später auf Stolpersteine stoßen – faustgroße, in die Gehsteige eingemauerte Betonwürfel mit Messingplatten auf den Oberseiten. Darin eingraviert sind jeweils ein Name, das dazugehörige Geburtsdatum und oftmals ein Vermerk wie: »Deportiert 17.5.1943 Theresienstadt«. Es sind Gedenksteine für die Opfer des Nazi-Terrors und sie finden sich dort, wo das jeweilige Opfer zuletzt wohnte.

Die Stolperstein-Initiative in Berlin (der erste wurde 1992 in Köln verlegt) geht zurück auf eine Aktion des Künstlers Gunter Demnig, der 1996 im Rahmen der Ausstellung *Künstler forschen nach Auschwitz* erstmals und damals noch ohne Genehmigung in der Oranien- und der Dresdner Straße 50 dieser Steine verlegte. Die Idee war, ein dezentrales Denkmal zu schaffen, das die Erinnerung an die Orte zurückführen sollte, an denen die Ermordeten zuletzt aus freiem Entschluss gelebt hatten.

Nach der Erstverlegung der Stolpersteine dauerte es eine Weile, bevor die Kreuzberger Bezirksverordnetenversammlung im Jahr 2000 weiteren Steinen zustimmte. Von da an jedoch entwickelte die Idee eine große Eigendynamik. Das Projekt wuchs, verteilte sich auf engagierte Schultern, und so finden sich heute in 15 europäischen Ländern und mehr als 500 Städten allein in Deutschland insgesamt etwa 40.000 Stolpersteine in den Bürgersteigen, um die 5.000 davon in Berlin. Sie erinnern an die Schicksale von Menschen, die als Juden verfolgt wurden, als Homosexuelle, an solche, die im politischen Widerstand aktiv waren, an Sinti und Roma oder Euthanasie-Opfer.

Inzwischen ist in jedem Berliner Bezirk eine Initiative zu finden, die sich der bürokratischen und organisatorischen Erfordernisse bei der Steinverlegung annimmt. Für 120 Euro kann jeder, der diese Initiative unterstützen will, die Patenschaft für einen Stolperstein übernehmen.

✏ Auf der Website der Berliner Stolpersteine finden Sie einen Überblick über die verlegten Steine, teilweise mit ausführlicher Biografie: www.stolpersteine-berlin.de

RAUF AUFS RAD, RAUS INS GRÜNE!
Fahrradtour

Versuchen Sie mal, in London, Rom oder Istanbul eine Fahrradtour zu machen. Lebensgefährlich bis unmöglich. In Berlin sieht das anders aus. Ich kenne keine Metropole, die einem das Fahrradfahren so leicht und angenehm macht wie diese. Ich bin ja nur zu Besuch, sagen Sie jetzt, und hab kein Fahrrad. Gilt nicht: In Berlin gibt es fast so viele Fahrradverleih-Stationen wie Dönerbuden. Als Standard gelten 10 Euro pro Tag.

Sie werden feststellen, dass es überall in der Stadt Fahrradwege gibt. Wer einen Ausflug ins Grüne machen möchte, dem sei eine meiner Lieblingstouren empfohlen, die auch für Kinder viel zu bieten hat.

Nehmen Sie Ihr Fahrrad und steigen in die S-Bahn Richtung Wannsee/Potsdam. Am S-Bahnhof Grunewald steigen Sie aus, nehmen die Unterführung unter der Avus hindurch und radeln auf dem Schildhornweg in den Grunewald hinein. Dem folgen Sie dann, vorbei an der Sandgrube links und dem Teufelssee rechts, bis Sie auf die Havelchaussee treffen, der Sie zum Grunewaldturm folgen. Hier können Sie Pause machen, oder direkt weiterfahren, am Uferweg entlang, vorbei an Schwanenwerder bis hinunter zum Strandbad Wannsee. Jetzt noch ein Stück auf dem Kronprinzessinnenweg, der Sie zur S-Bahn-Station Wannsee führt.

Nun haben Sie die Wahl: Zurück in die Bahn, mit dem Fahrrad auf die Fähre und hinüber nach Kladow, oder aber Sie fahren weiter am Ufer entlang und durch den Düppeler Forst zur beliebten Pfaueninsel, von dort zum Volkspark Klein-Glienicke und über die Glienicker Brücke, auf der die Amerikaner und die Sowjets die im Kalten Krieg gefangenen Spione austauschten. (Die ehemalige Grenze verlief quer durch die Brücke, die von 1953 bis 1989 für Zivilpersonen gesperrt war.) Im Vorbeifahren können Sie sich noch einige hübsche Potsdamer Villen ansehen, bevor Sie an der Badestelle am Heiligen See ihr wohlverdientes Bad nehmen.

✍ Eine S-Bahn-Tageskarte für Ihr Fahrrad kostet 5,20 Euro. Die Fahrradabteile in der Bahn sind gekennzeichnet, zur Not steigen Sie einfach irgendwo ein.

STÖBERN DURCH PRENZLAUER BERG
Shoppingtour I

Jetzt, da Sie schon einmal in der Stadt sind, wollen Sie auch einen Einkaufsbummel machen – oder sich wenigstens ein paar nette Geschäfte ansehen.

Für die Powershopper unter Ihnen bieten sich da als erste das KaDeWe, das Bikini-Haus, die Galeries Lafayette oder das Alexa an. Es geht allerdings auch weniger bombastisch.

Mich persönlich schrecken Shoppingcenter ab, weshalb ich sie nach Möglichkeit meide. Denn selbst, wenn man von der Hysterie, den Menschenmassen und den *Food Courts* absieht – die Geschäfte sind überall auf der Welt dieselben. Dabei hat Berlin zahllose schöne, kleine Läden zu bieten, die man nicht in jeder Stadt findet und die zu einem Streifzug geradezu einladen.

Die Einkaufstour, die ich für Sie herausgesucht habe, beginnt im Prenzlauer Berg und führt von dort hinunter nach Mitte. Je nach Stöberlust kann man sie in ein bis zwei Stunden hinter sich bringen, oder auch eine ganze Tagestour daraus machen. Wenn Sie damit durch sind, werden Sie Hunderte von Hüten gesehen haben – sowie Taschen, Schuhe, Brillen, Langspielplatten, Bücher, Fahrräder, schicken Nippes, Wohnaccessoires, Skateboards, Outdoorartikel, Schreibwaren. Und natürlich noch viel mehr Klamotten.

Start ist an der Kreuzung Schönhauser Ecke – Eberswalder Straße. Eine sehr geschichtsträchtige Kreuzung übrigens, die auch in vielen Filmen eine Rolle gespielt hat – zuletzt in *Oh Boy*. Möchten Sie sich noch mit einem Kaffee stärken, bevor es losgeht? Dann haben Sie die Wahl zwischen dem *Impala* (leckere Bagel), dem *Manolo* (Platzhirsch mit gediegener Kaffeehaus-Atmosphäre) oder dem *Nothaft & Seidel* (studentisch mit gutem Kaffee). Oder schnell noch einen herzhaften Imbiss? Dann sei Ihnen *Suppe & Salat* empfohlen, *Konnopkes* berühmte Currywurst oder ein Wrap im *Habba Habba*.

Entscheiden Sie sich für letzteren, befinden sich die ersten Stationen Ihrer Einkaufstour bereits auf dem Weg. Dieser führt nämlich die Kastanienallee hinunter. Die war eine Zeit lang so hip, dass sie von vielen nur »Castingallee« genannt wurde. Inzwischen ist »hip«

woanders, und geblieben ist eine belebte Straße mit vielen Geschäften und Cafés, in der es verhältnismäßig entspannt zugeht.

Also hinein in die Kastanienallee, und schon kommen auf der rechten Seite das *Zartbitter*, das *Jimmy's* sowie der *Eisdieler*.

Kurz erwähnt sei das *Café Schwarzsauer*, das stoisch seit 20 Jahren unverändert seinen Platz behauptet, wie auch mancher Gast dort stoisch seit 20 Jahren seinen Platz behauptet. Abends ist es hier oft so voll, dass die Mehrzahl der Gäste auf dem Bürgersteig steht. Auf der rechten Seite folgen das *Flex* für die elegante Frau und links *fein und ripp* für den Mann mit besonderen Ansprüchen.

Auf der Kastanienallee sind das *Sgt. Peppers* (links) und das *Thatchers* (rechts) die nächsten guten Läden, dicht gefolgt von *Creme Fresh* und *Greta & Luis.* Kurz darauf sind Sie an der Kreuzung Kastanienallee Ecke Schwedter Straße angelangt und verlassen den Prenzlauer Berg.

Auf Höhe der Fehrbelliner Straße geht die Kastanienallee in den Weinbergsweg über, der Sie entlang des Volksparks am Weinbergsweg (klingt nach mehr als es ist) zum Rosenthaler Platz hinunter führt. Spätestens hier merken Sie: In Mitte geht es deutlich touristischer zu: Hostels, Cafés, eine Kreuzung, an der rund um die Uhr etwas los ist. Von den Cafés verdienen besondere Erwähnung das *Fleury* (schöner Wohnen meets Provence), das *Galão* (war lange die Kantine der Mitte-Kreativ-Szene) sowie das *St. Oberholz* (Wahlheimat der digitalen Boheme). Letzte gute Boutique vor der Kreuzung ist links das *Rotation*.

Wenn Sie noch nicht genug haben: Es gibt eine Fortsetzung der Shoppingtour.

✍   Ein Abstecher in die Oderberger Straße lohnt sich. Dort befindet sich der unscheinbare *Zwölfer* mit von Hand im Siebdruck-Verfahren bedruckten Shirts.

Jenseits der Kreuzung Rosenthaler Platz beginnt Teil II unserer Shoppingtour, die zunächst in die Rosenthaler Straße Richtung Fernsehturm führt. Sollten Sie den Fernsehturm nirgends erblicken können, befinden Sie sich höchstwahrscheinlich nicht in der Rosenthaler Straße, oder aber es herrscht dichter Nebel.

Entsprechend dem Publikum geht es auf dem zweiten Abschnitt unseres Einkaufsbummels deutlich kommerzieller zu. Nach *Shusta* (links), *Riccardo Cartillone* und *All Saints* folgen Shops international bekannter Labels wie Bench, Strenesse, Hugo oder Carhartt.

Kurz bevor Sie jedoch eines der touristischen Epizentren der Stadt, nämlich den Hackeschen Markt, erreichen, bringen Sie sich in Sicherheit, indem Sie links in die Neue Schönhauser Straße abbiegen. Neben einigen Schuhgeschäften finden sich hier Drykorn, COS und Diesel.

Nach wenigen hundert Metern geht die »Neue« bereits in die Alte Schönhauser Straße über, und es wird wieder etwas individueller. Die Boutiquen *closed* und *The Flag* folgen, außerdem die sympathische Souterrain-Buchhandlung *Hundt, Hammer, Stein.* Und schon befinden Sie sich auf der Zielgerade Ihrer Einkaufstour. Hier lohnen einen Blick: *Le monde éphémère*, *Sessun*, der Schuhstore *trippen* (in Deutschland gefertigt, in Japan Kult), das *Homecore* sowie der *Filippa-K-Store*. Auf jeden Fall die Nase hineinstecken sollten Sie außerdem im sehr aufwendig gestalteten *Aēsop* und, ein Stück weiter, ins *Zeit für Brot*, wo möglicherweise das beste Brot der Stadt gebacken wird.

So, nun sind Sie entlassen. Sollte Sie auf Ihrer Tour der Hunger überkommen haben, entspannen Sie sich beim *Mädchenitaliener*, kitzeln Ihren Gaumen bei *Monsieur Vuong* (bewährt, aber immer voll) oder strecken Ihre Füße bei einem Kaffee im *Blauen Band* aus.

✎ Hier ein paar Adressen: www.jimmysshop.de, www.zwoelfer.eu, www.flex-fashion-interior.de, www.sgt-peppers-berlin.de, www.rotationboutique.wordpress.com

FLUSSBAD BERLIN /// WWW.FLUSSBAD-BERLIN.DE ///

STADT DER VISIONÄRE
Flussbad

Dieser Ort existiert nicht. Noch nicht. Doch er könnte es bald. Und dann wird er ganz sicher zu meinen Lieblingsplätzen zählen. Das Flussbad Berlin. Es soll auf 750 Metern Länge den Spreekanal im Herzen der Stadt in das »größte und schönste Schwimmbecken der Welt« verwandeln.

Im ersten Moment erscheint einem die Idee unrealistisch – der einst für die Schifffahrt ausgebaute Spreearm an der Museumsinsel, Kupfergraben genannt, soll von jedermann jederzeit als Pool genutzt werden können? Man stelle sich einmal vor: Der Lustgarten vor dem Alten Museum würde entlang des Kanals terrassenartig zum Wasser absteigen und jeder könnte hier nach dem Museumsbesuch seine müden Füße kühlen oder ein erfrischendes Bad nehmen! 750 Meter Freiluftschwimmbecken. Das ist der Plan. Da können Rom, Paris und London nur von träumen.

In Berlin aber wäre genau das machbar, wie man inzwischen weiß. Und es wäre gar nicht einmal schwierig. Man müsste lediglich im oberen Teil des Wasserlaufs ein Biotop mit Schilfbecken anlegen, damit sich das Flusswasser natürlich reinigt. Ein paar Stufen zum Wasser bauen. Und würde damit Ökologie und Badespaß verbinden. Geld würde es ebenfalls kosten, wie alles eben. Und politischer Wille wäre erforderlich. An dem haperte es lange Zeit. Die größeren Hindernisse waren und sind bis dato bürokratischer Natur.

Das Projekt geht auf eine Idee aus dem Jahr 1997 zurück und wurde vom Senat lange nicht zur Kenntnis genommen – bis die Berliner Architekten- und Künstlergruppe *realities:united* mit eben diesem Vorhaben 2011 einen international renommierten Architektur- und Infrastrukturpreis gewann. Seither ist Bewegung in der Sache, und das Projekt hat viele Unterstützer gefunden. Unter anderem mich. Und vielleicht auch Sie. Denn sie ist gut. Wir sehen uns an der Wendemarke – hoffentlich.

☞ Mehr Informationen finden Sie im Internet. Wer weiß, vielleicht begeistern Sie sich ja und gehören bald zu den Unterstützern des Projekts!

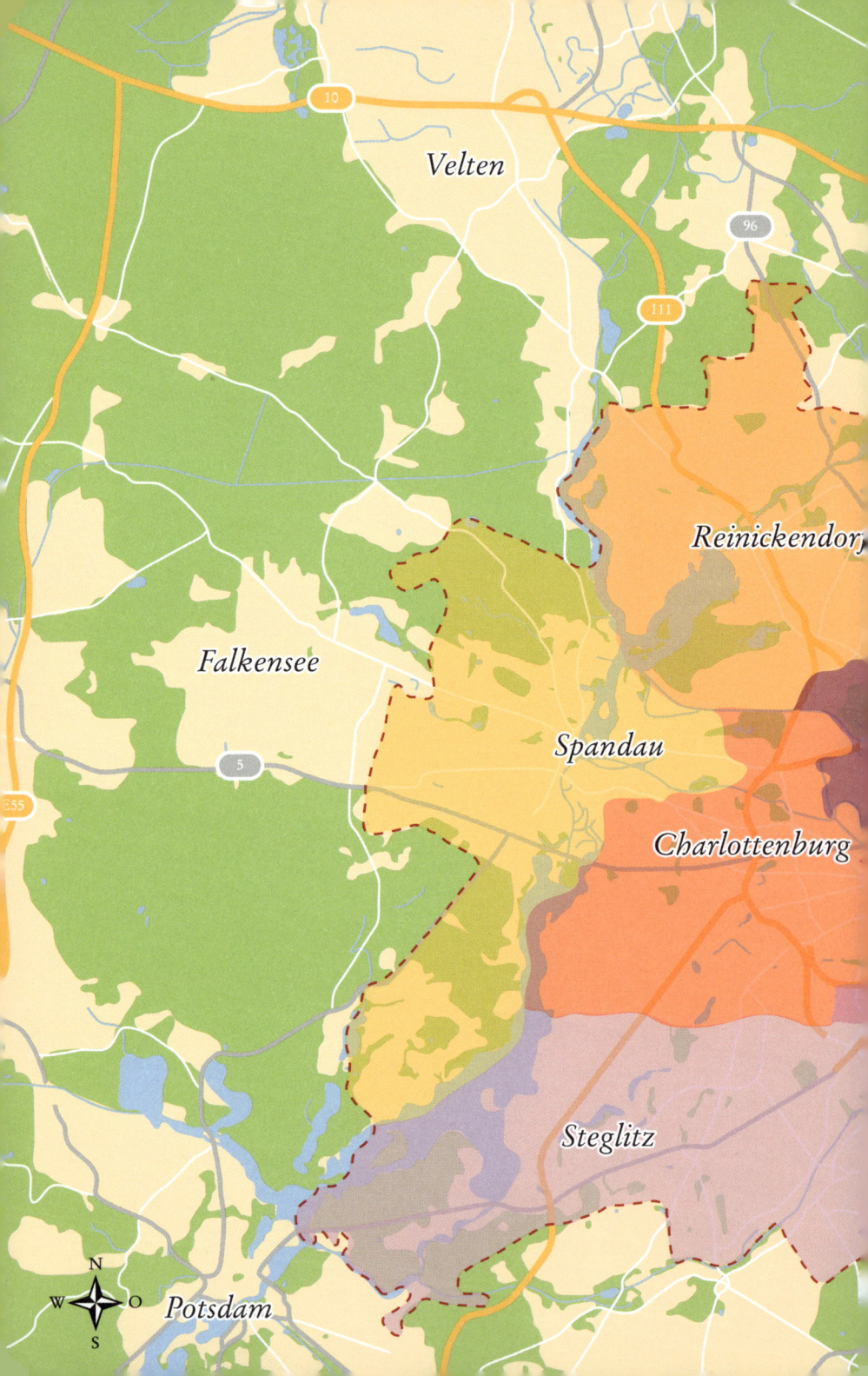

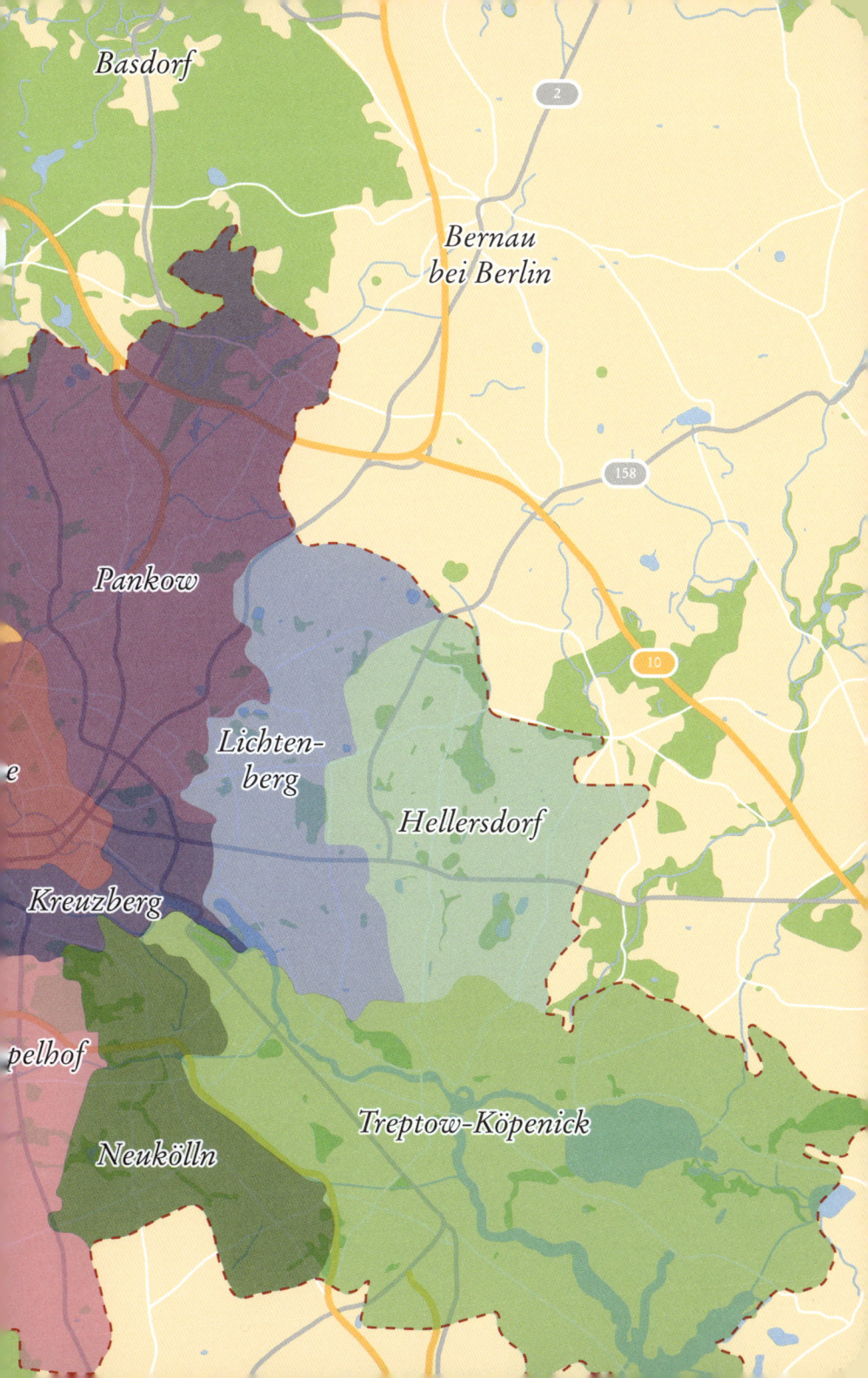

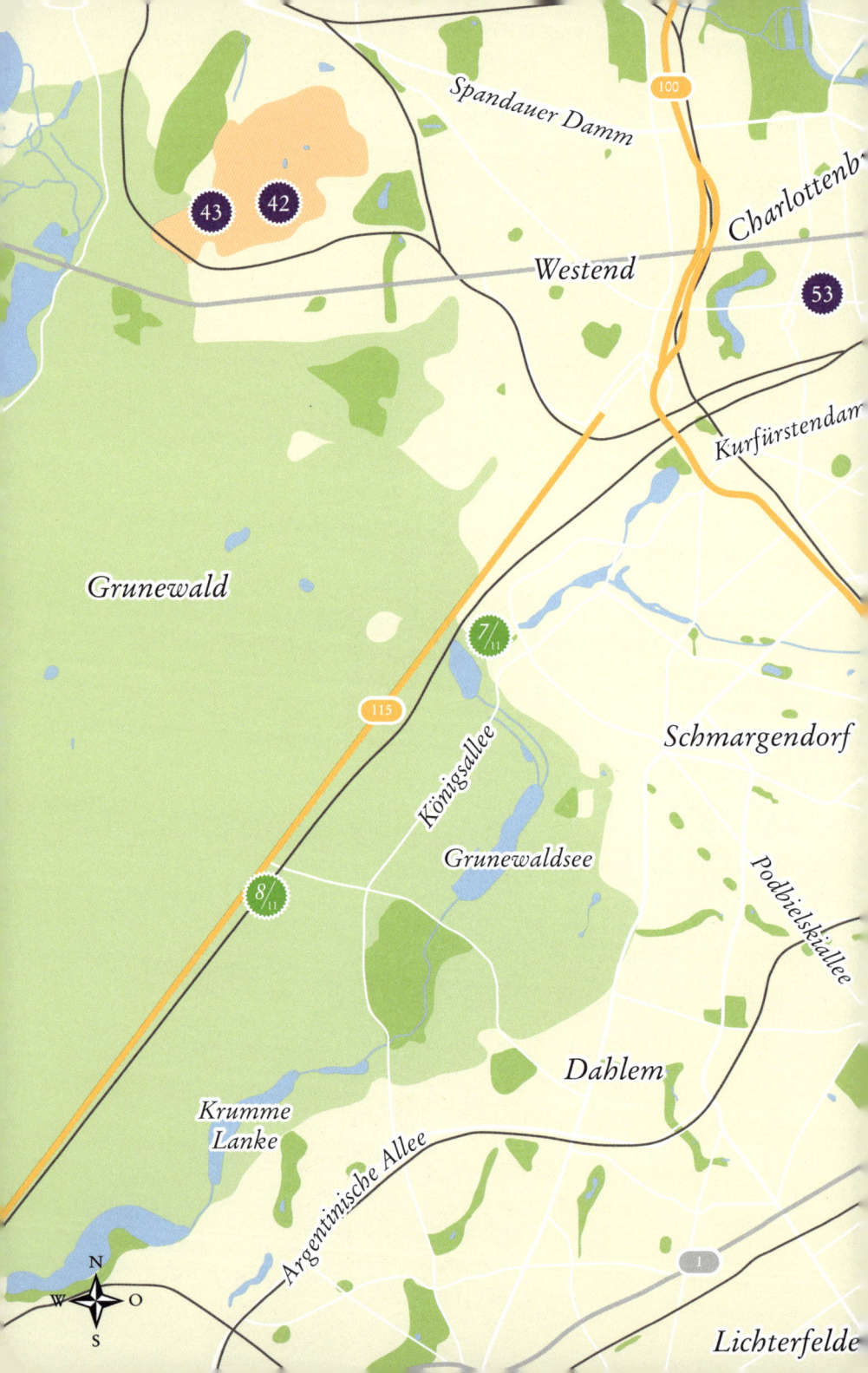

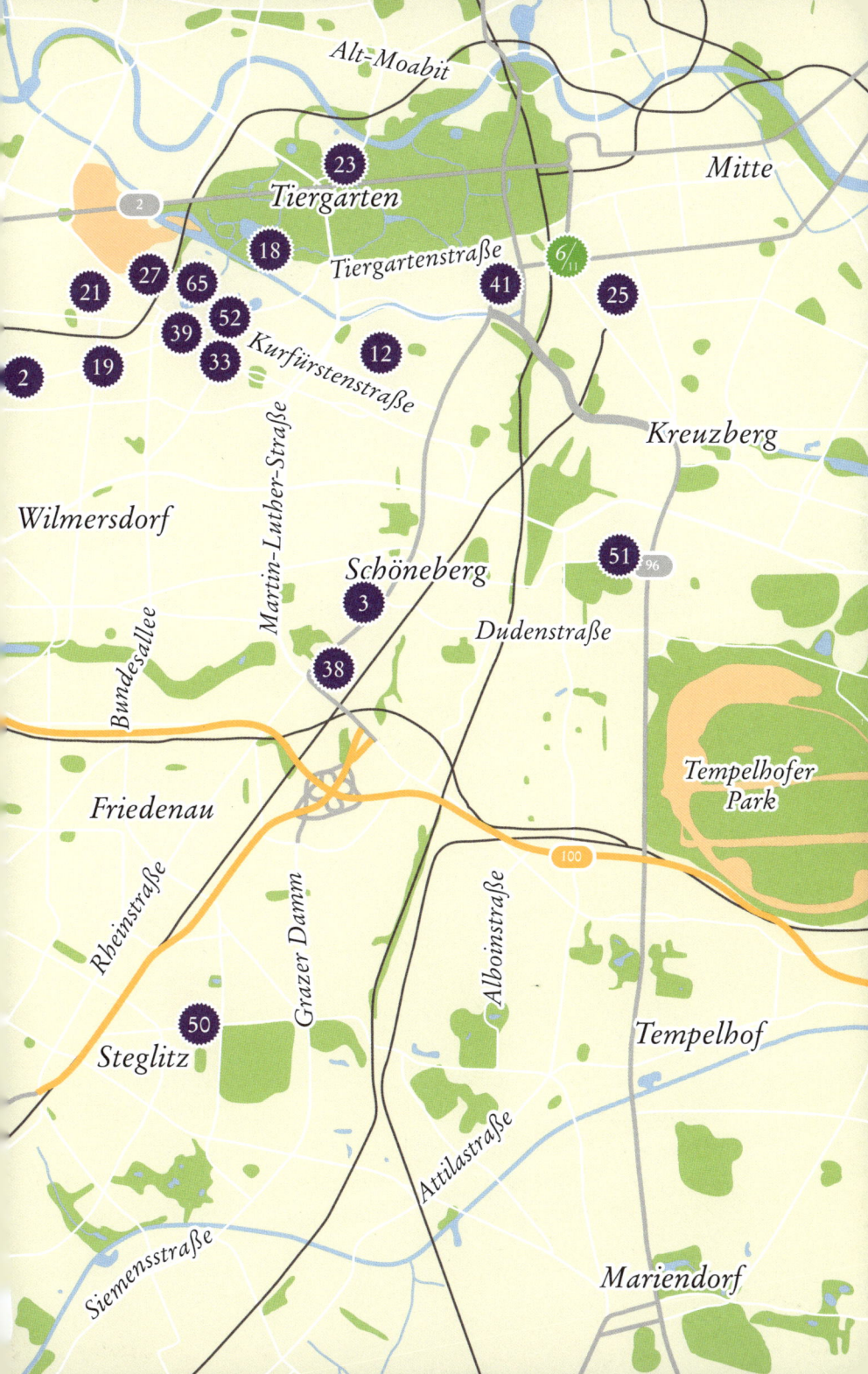

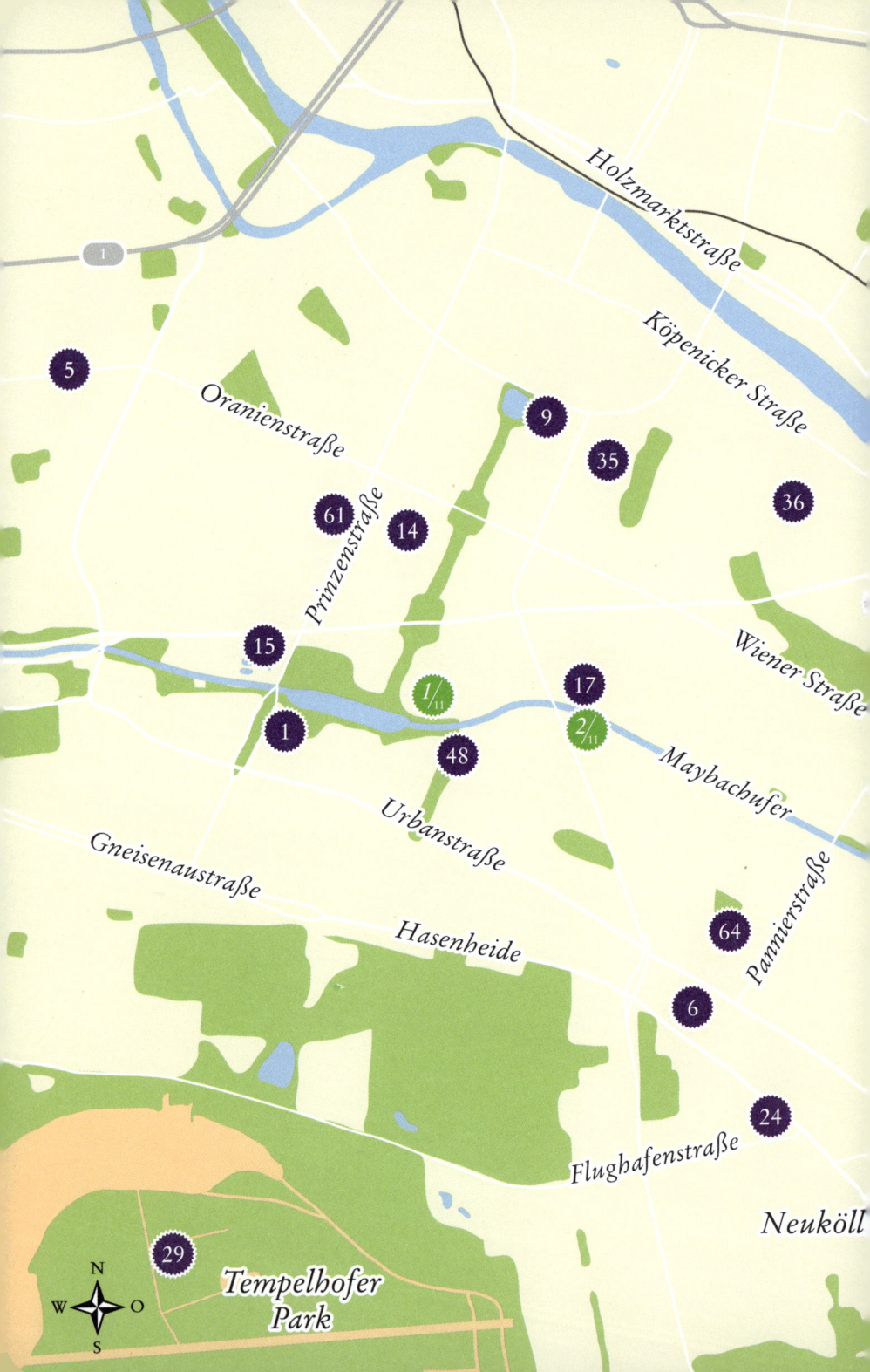

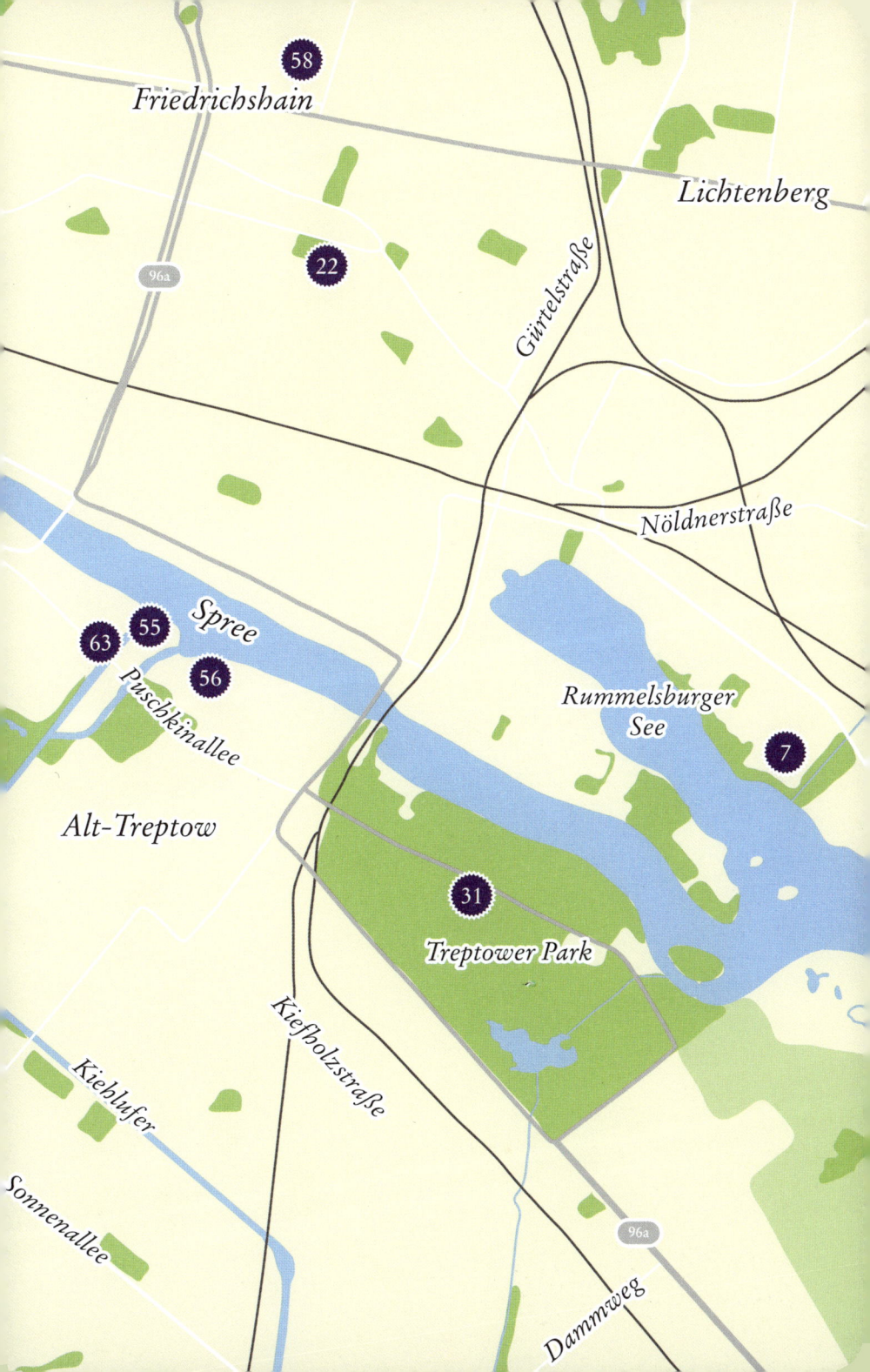

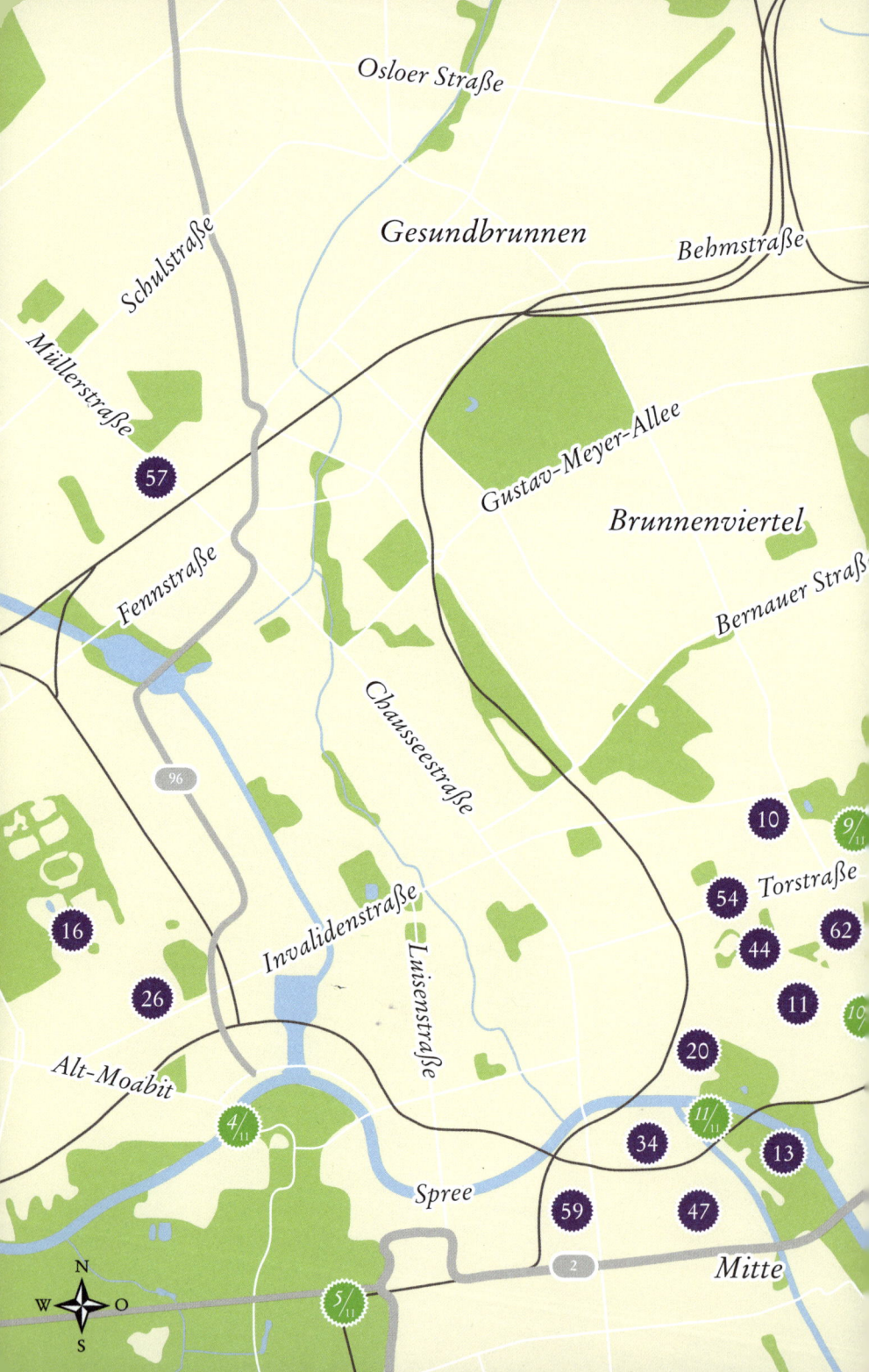

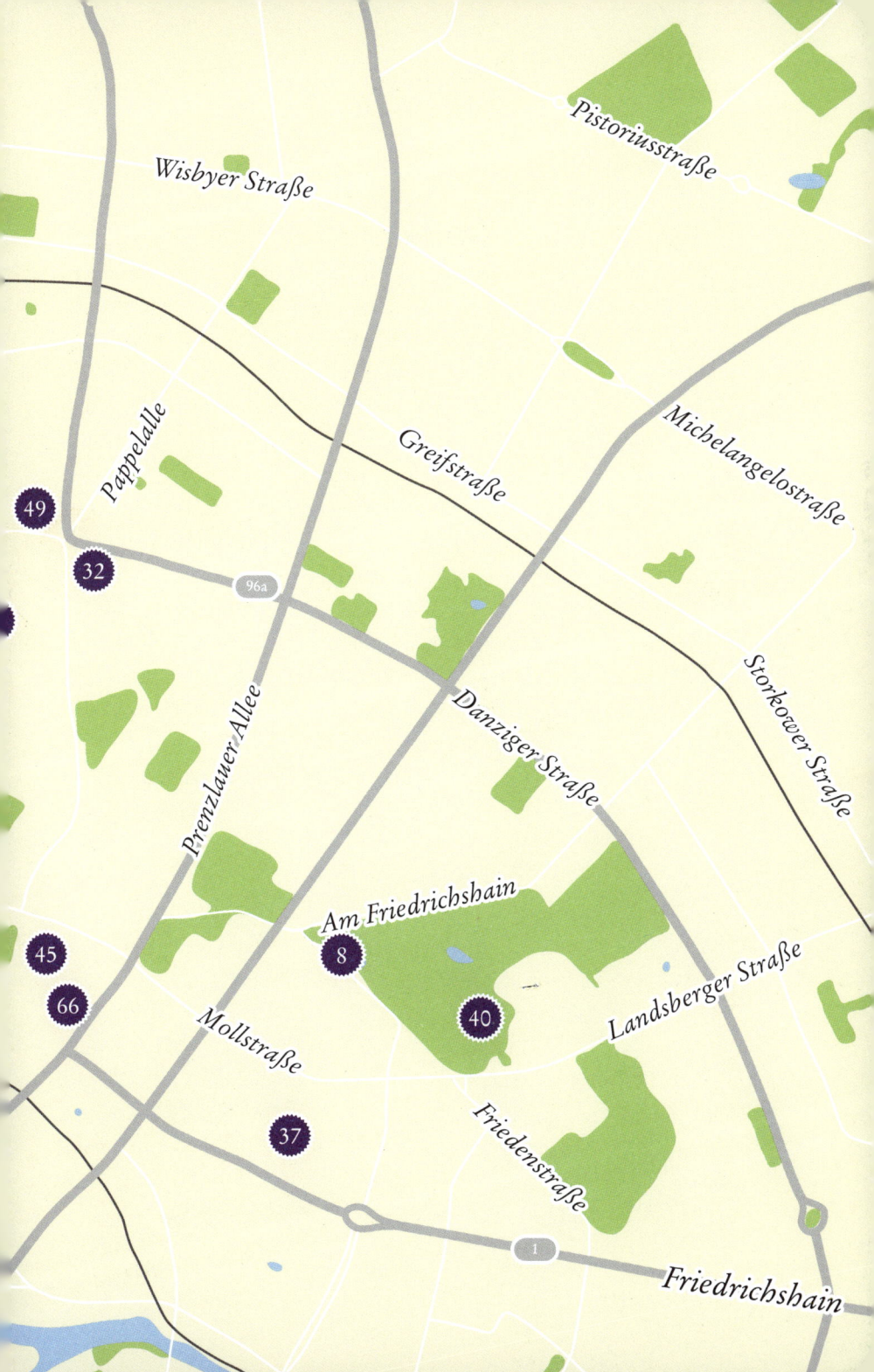

REGISTER

»66 Lieblingsplätze«

für Einheimische, Besucher und Neugierige

Von einsamen Winkeln im Münsterland bis zu angesagten Bars in Berlin, Frankfurt und München. Von Expeditionen ins Wattenmeer bis zum Watzmann. Von südlichem Bozner Flair bis zu nordischer Frische auf Rügen, Sylt und in St. Peter-Ording: Lernen Sie die *Vielfalt Deutschlands, Österreichs, der Schweiz und Italiens* mit den Lieblingsplätzen kennen.

Unsere Novitäten

978-3-8392-1710-8

978-3-8392-1708-5

978-3-8392-1704-7

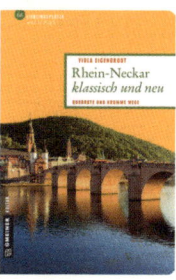

978-3-8392-1703-0

978-3-8392-1705-4

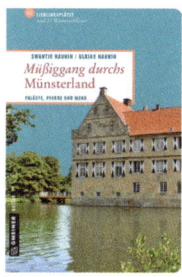

978-3-8392-1707-8

978-3-8392-1706-1

978-3-8392-1709-2

HENNING BREKENKAMP

Die Jagd auf Hitlers Schädel

. . . .

978-3-8392-1695-8 (Paperback)
978-3-8392-4667-2 (pdf)
978-3-8392-4666-5 (epub)

»Durch die Tiefen der Berliner Kanalisation, über den Horror der Waffen-SS, zum Spiel mit dem Feuer sexueller Verführung.«

Das alte Tagebuch eines SS-Soldaten im Archiv eines Fernsehsenders ist der Schlüssel zu einem dunklen Geheimnis, das die Geschichtsschreibung verändern wird. Als Praktikant Markus Weidental es entdeckt, beginnt ein tödliches Wettrennen um den Schädel Adolf Hitlers. Die hübsche Marie Knecht entpuppt sich als eiskalte Killerin einer Neonazi-Vereinigung, die den Sender infiltriert hat und rücksichtslos nur ein Ziel verfolgt: Adolf Hitler zu einem Gott zu erheben. Doch wie konnten die Überreste Hitlers 1945 überhaupt aus Berlin hinausgelangen? Die Antwort liegt tief unter den Straßen der Stadt …

GMEINER SPANNUNG

WWW.GMEINER-VERLAG.DE
Wir machen's spannend